白崎茶会

植物生まれのやさしいお菓子

卵、小麦粉、乳製品を使わない
かろやかなおいしさ

白崎裕子

「植物生まれのお菓子」と聞くと、
本当においしいの？　と思うかもしれません。
でも、生クリームやバターにしかないおいしさがあるように、
植物生まれだからこそ出せるおいしさや
かろやかさも存在します。

この本で紹介しているのは、植物性の食材のよさを
最大限まで追究したレシピです。

といっても、けっして「こうじゃなきゃいけない」
というものではありません。
気分や体調によって、ほかのお菓子を食べたっていいし、
この本のレシピに、好きなクリームを添えたっていいんです。

ふだんのお菓子づくりのなかに
「今日は植物性のお菓子にしようかしら」という
選択肢があると、もっと楽しく、
もっと自由になると思います。

『植物生まれのやさしいお菓子』は初心者にも「やさしい」

1

基本の材料があればなんでもできる

動物性のお菓子が、小麦粉、卵、乳製品をベースにしているように、この本で使う食材も、ある程度共通しています。しかも、卵や乳製品と違って、**豆乳、植物油は長期間ストックできる**のがいいところ。一度材料をそろえれば、好きなタイミングでつくれます。

2

思いたったらすぐつくれる

ほとんどのレシピは、**作業時間15分以内**。ボウルや小鍋で材料を混ぜ、あとはオーブンや冷蔵庫におまかせ。ちょっとしたすき間時間や食事の準備のついでにパパッとつくれば、あっという間に完成です。

3

準備、片づけがラクチン

ボウルひとつと泡立て器があれば、大体のことができます。ハンドミキサーや、ケーキやタルト専用の型などは使いません。必要な道具が少ないので、**準備もラクだし、洗い物も最小限**。バターや卵を使わないため、汚れもささっと落とせます。

4

ぐるぐる混ぜても大丈夫

小麦粉を使っていないことも、この本のお菓子の特徴です。主役の粉である**米粉にはグルテンが含まれていない**ため、生地をぐるぐる混ぜたり、ちょっとおいたりしても大丈夫。メレンゲなども使わないので、実は初心者にこそおすすめのレシピです。

5

デコレーションはダイナミックに

細かい作業が苦手でも、問題なし。**クリームはスプーンやヘラで塗ればいいし**、クッキーは手を使えばきちんと成形できます。器用じゃなくたって、なんの心配もいりません。

植物生まれのやさしいお菓子

＊ 大さじ1＝15mℓ、小さじ1＝5mℓです。「少し」は親指と人さし指、
「ひとつまみ」は親指、人さし指、中指で軽くつまんだ量のことを指します。
＊ オーブンは予熱して使用してください。電気オーブンもガスオーブンも、レシピの焼き時間でつくれますが、
機種によって火の入り方が異なります。様子を見て温度を調節して焼いてください。
＊ 加熱や冷凍をするレシピでは、必ず耐熱・耐冷の道具を使用しましょう。

おいしくつくるために
そろえたい

基本の材料と道具

お菓子づくりを成功させるには、
材料選びが大切です。
「うまくいかない」と思ったときは、
材料を見直してみましょう。
この本で使っている材料と道具を紹介します。

粉類

生地のベースとなる材料です。
この本のお菓子は小麦粉を使わないため、グルテンフリー。
だからぐるぐる混ぜても大丈夫です。
ただし、米粉の選び方を間違えると上手につくれないので、
材料を買うときは、とくに気をつけましょう。

a.

米粉（製菓用）

うるち米を製粉したもの。**お菓子の仕上がりを左右する重要な粉**です。**粒子がきめ細かい「製菓用」を選ぶ**ようにしてください。増粘剤やグルテンを添加した商品は避けましょう。ただし、製菓用のなかにも、粒子の粗いものがあります。判断ができないときには以下のテストをしてみてください。

20gの米粉に水25gを加えて混ぜる
さらさらと溶ければ大丈夫。生地がもったりした団子状になる場合は、ふんわり仕上げたいケーキや蒸しパンには向かないので、タルトやクッキーに使いましょう。

比較的入手しやすいものでは、**富澤商店の「製菓用米粉」、群馬製粉の「リ・ファリーヌ」、共立食品の「米の粉」**などがおすすめです。

B.

コーンスターチ

トウモロコシのデンプンで、米粉のケーキやクッキーを軽く仕上げたり、冷たいデザートにぷるっとした食感を与えるのに使います。**焼き菓子は片栗粉やくず粉、冷たいデザートは米粉やくず粉で代用**できます。

C.

アーモンドプードル

リッチなコクと風味を与えます。皮つきの商品もありますが、皮なしがおすすめ。ネット通販でもおトクに買えます。アーモンドが食べられない人は、**白すりごま、ココナッツフレーク**を使うと、近い仕上がりに。

D

オートミール（クイックタイプ）

オーツ麦を脱穀してつぶしたもの。手で砕いて粉として使います。「クイックタイプ」がおすすめですが、かたくて大きい「オーソドックスタイプ」を買ってしまったときは、フードプロセッサーやミルで粉砕しましょう。

E.

きな粉

大豆をいってから粉にしたもの。米粉よりも水分を吸いやすいため、生地に混ぜると風味のあるふんわりとした仕上がりになります。大豆粉も同様に使えますが、「生大豆粉」は青臭さがあるので、加熱処理したものを。

F.

重曹

生地を横に膨らませ、焼き色をつけます。そのまま生地に加えると独特の苦味がありますが、レモン汁やヨーグルトの酸と反応させると気になりません。必ず食品用を使ってください。掃除と兼用できる商品もあります。

g.

ベーキングパウダー

生地を縦に膨らませ、色白に仕上げます。反応が終わると生地が膨らまないため、**ベーキングパウダーを入れてからは、手早く作業しましょう。アルミニウムフリーで小麦粉不使用**のものがおすすめです。

【 白崎茶会で使っているのは… 】

a.米粉（陰陽洞）、B.コーンスターチ（陰陽洞）、C.アーモンドプードル（陰陽洞）、D.有機クイックオーツ（テングナチュラルフーズ／アリサン）、E.国産有機きな粉和粉（山清）、F.シリンゴル重曹（木曽路物産）、g.ラムフォード ベーキングパウダー（テングナチュラルフーズ／アリサン）

大豆製品

植物生まれのお菓子に欠かせない大豆製品。
焼き菓子からゼリーまで、
あらゆるお菓子に使います。
商品によって味が異なりますが、
風味が強くないものがおすすめです。

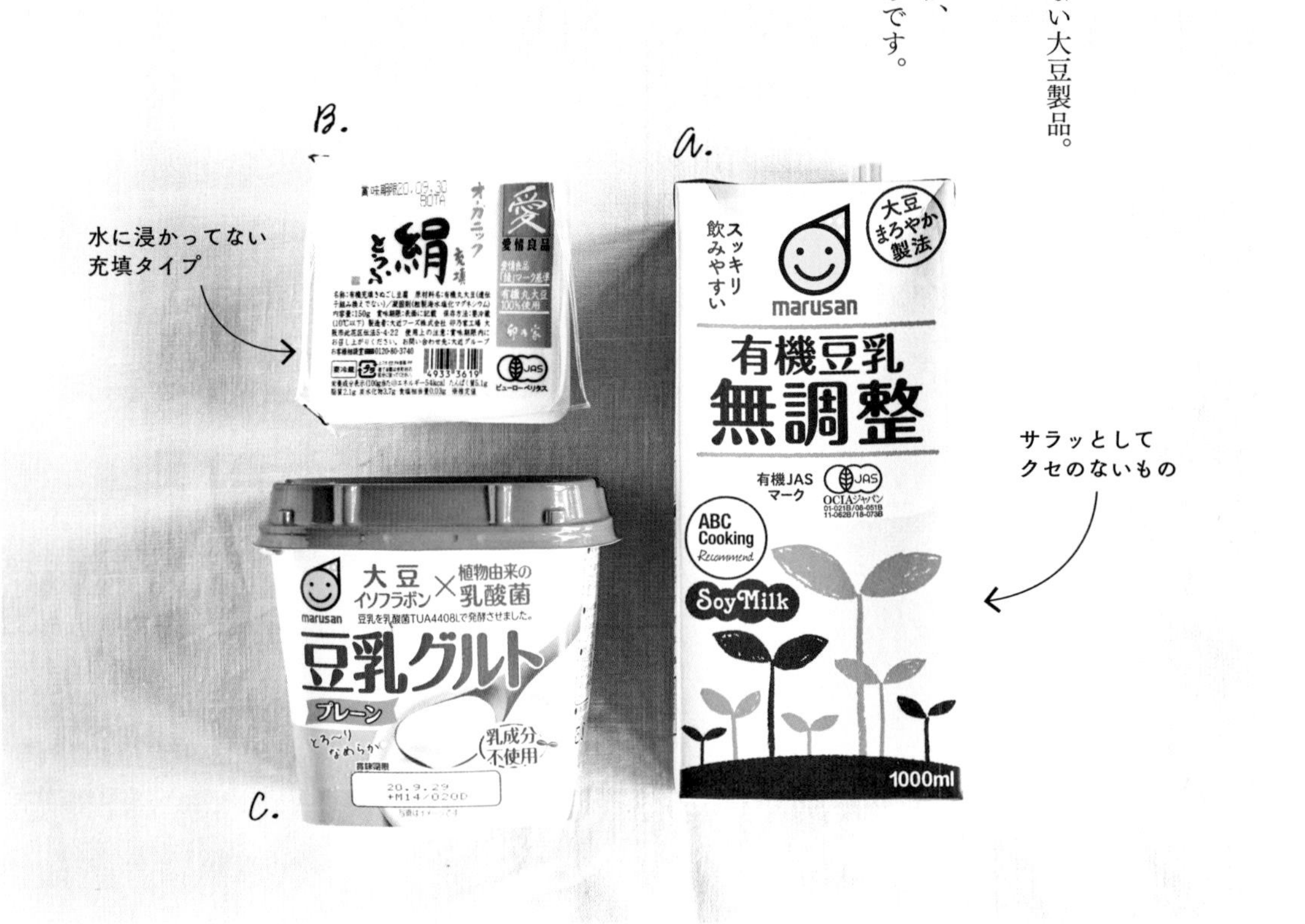

【白崎茶会で使っているのは…】 a.有機豆乳 無調整（マルサンアイ）、B.卯乃家 絹とうふ（大近）、C.豆乳グルト（マルサンアイ）

a.
豆乳

飲んだときにクセのないものを選んでください。濃厚なものより、大豆の風味が少ないサラッとしたものが使いやすいです。おすすめは、**マルサンアイやキッコーマンの無調整豆乳**。開封前なら長期保存もできます。

B.
絹ごし豆腐

水に浸かっているものではなく、**充填タイプがおすすめ**。クセが少なくなめらかなので、扱いやすいです。木綿豆腐は豆腐の香りが残りやすく、泡立て器で混ぜてもなめらかになりにくいので、この本のレシピには向きません。

C.
豆乳ヨーグルト

豆乳を発酵させてつくったヨーグルト。**無糖のもの**を選んでください。水きりして使う場合、ある程度水をきってから、お皿などで重しをすると上手に水がきれます。入手できないときは、豆乳とレモン汁で近いものがつくれます(P.125参照)。好みで、同量の牛乳を使ったヨーグルトでも代用可能です。

植物油

植物油と水分をよく混ぜて乳化させることで、
卵などのつなぎがなくても
おいしく仕上がります。
オリーブオイルや焙煎したゴマ油ではなく、
クセのないものを選びましょう。

【白崎茶会で使っているのは…】 a.プレミアムココナッツオイル（ココウェル）、B.国産なたねサラダ油（ムソー）、C.九鬼 太白純正胡麻油（九鬼産業）

B.C.

なたね油・太白ゴマ油

味や香りにクセがないものを選びましょう。黄色いなたね油や茶色のゴマ油などは、この本のお菓子には合いません。圧搾絞りでクセのないものなら、どんな油でもOK。好みや体質に合った油を選んで使ってください。

a.

ココナッツオイル（無香タイプ）

ケーキはふんわり、クッキーはサクッと仕上がります。**無香タイプ**を必ず選んでください。**24℃以下で白く固まる**ので、冬場はお湯をはったボウルなどで溶かして使います。クリームや生地を混ぜている間にツブツブに固まってしまったときは、ボウルごと温めると元に戻ります。反対に夏は冷やしながら作業するといいでしょう。クリームや生チョコなど、空気を含ませたり、固めたいときには必須ですが、それ以外はほかの植物油でもつくれます。

甘味

甘味の役割は、甘さをたすだけではありません。
甘味を控えすぎると生地がパサついたり、
割れたりすることがあるので、
まずはレシピ量どおりにつくってみてください。

【白崎茶会で使っているのは…】 a.北海道産 てんさい含蜜糖 粉末タイプ(陰陽洞)、a.アレガニ 有機メープルシロップ(ミトク)、c.白米あま酒(マルクラ食品)

C.

甘酒(濃縮タイプ)

米と麹だけでつくられたノンアルコールのものを使います。さらさらのものではなく、**どろっとした濃縮タイプ**を選ぶようにしてください。完全には凍らないので、**冷凍庫に入れておくと、好きなときに使えて便利です。**

B.

メープルシロップ

ミネラルを豊富に含み、独特の深いコクがあります。**同じグラムのはちみつでも代用できますが**、計量スプーンで量る場合はひとさじの重さが違います。そのため、はちみつは少し控えめに入れた方が、甘くなりすぎません。

a.

てんさい糖

甜菜《てんさい》(砂糖大根)の根が原料。粒子の細かいものが溶けやすくておすすめです。きび砂糖やメープルシュガーなどでも代用できます。ココナッツシュガーも低GIでおすすめですが、色がつくので、黒っぽいお菓子向きです。

その他

主役ではありませんが、この本でよく使われている材料です。お菓子づくりの幅がぐっと広がるので、ストックしておくと便利です。

a.

海塩

海水100%でつくられた、ミネラルたっぷりのものがおすすめです。ほんの少しの良質な塩が、植物性のお菓子の味に深みを出してくれます。

B.

ココナッツミルク ココナッツクリーム

さっぱりと仕上げるならココナッツミルク、濃厚なコクがほしいならココナッツクリームを使います。中が固まっていたら、湯せんしましょう。

C.

粉寒天

デザートを固めるのはもちろんのこと、焼き菓子をサクッと仕上げるのにも使います。板や棒状のものより、**粉末タイプ**が扱いやすいです。

D.

レモン汁

重曹のあとに入れると、レモン汁の酸と重曹のアルカリが反応し、しゅわしゅわと膨らみます。豆乳に加えて、とろみをつけて乳化させることも。

E.

ココアパウダー

チョコ味を出すのに使います。**乳製品不使用の純ココア**を選んでください。糖や乳成分が入ったドリンク用のココアは、この本では使いません。

【白崎茶会で使っているのは…】 a.石垣の塩(石垣の塩)、B.ココミ ココナッツミルク(ミトク)、オーガニックココナッツクリーム(ムソー)、C.かんてんぱぱ かんてんクック(伊那食品工業)、D.オーガニックレモン100%しぼりたて(ムソー)、E.オーガニックブラックココア(ムソー)

道具

この本のレシピでは、特別な道具は必要ありません。
ハンドミキサーやフードプロセッサーがなくても大丈夫。
ケーキやタルト専用の型なども使わずにつくれます。

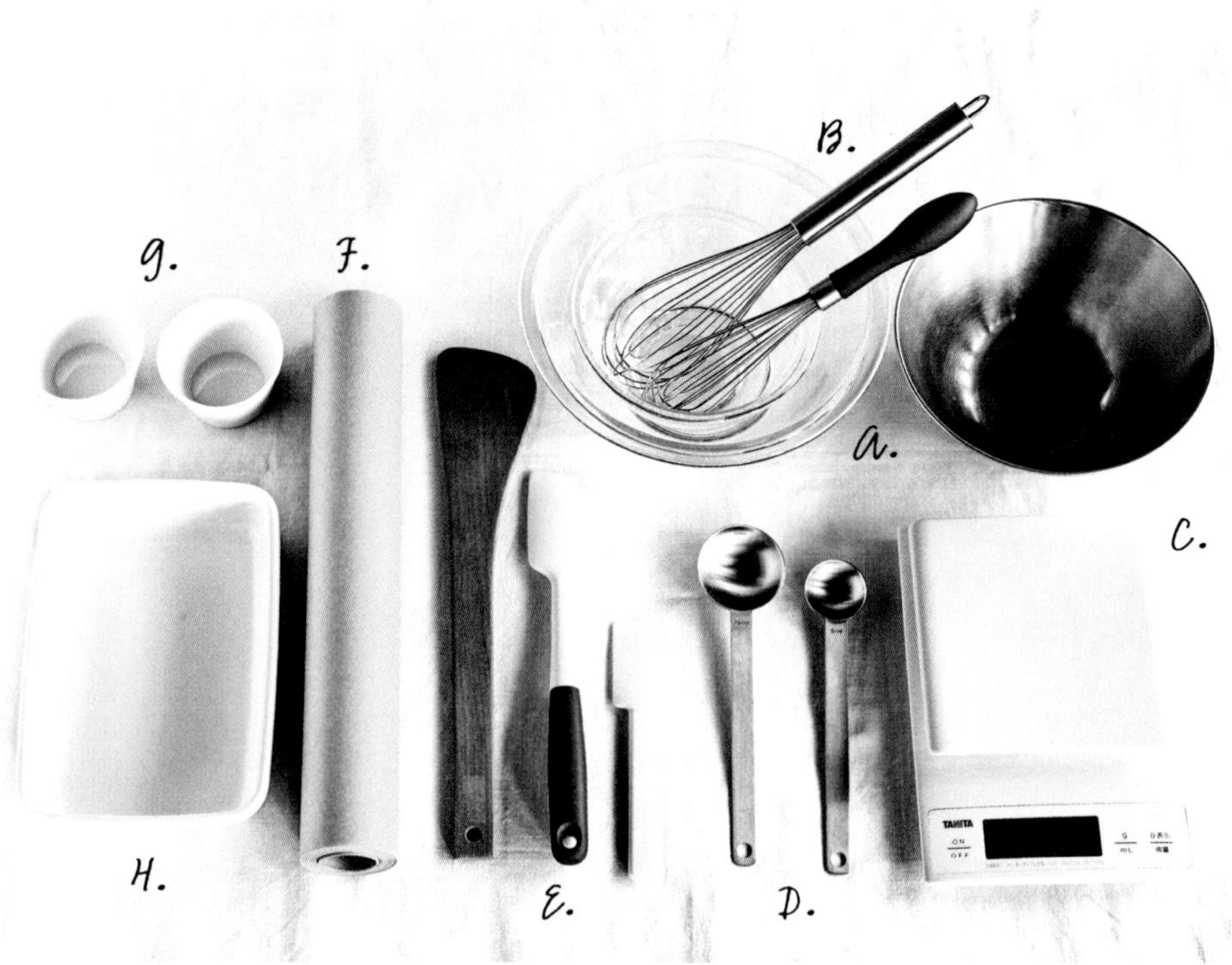

G. 耐熱カップ

ゼリーやマフィンなどに使います。好みの器でもいいですが、この本では、TAMAKIの「フォルテモア」のココット（7cm）を使っています。

H. ほうろうバット

オーブンに入れられるので、ケーキ型として使えます。この本では、野田琺瑯の保存容器「レクタングル浅型S」（21×14×深さ4cm）を使っています。

D. 計量スプーン

ベーキングパウダー、重曹、粉寒天などは、計量スプーンでも量れます。グラムが併記されているものは、スケールで量るとより正確です。

E. ゴムベラ・木ベラ

大小のゴムベラをよく使います。小さめは、ボウルに残った材料を最後まですくい取るのに便利。鍋で練ったりするときは、木ベラがおすすめです。

F. クッキングシート

天板やほうろうバットの型に敷いて使います。ドーナツなどは、1つずつの大きさに切ったクッキングシートにのせて成形するとかんたんです。

A. ボウル

ほとんどのレシピが、直径20cm程度のボウルでつくれます。ステンレスボウルがあると、混ぜたボウルごとオーブンに入れられて便利です。

B. 泡立て器

どんなものでもよいですが、大きめと小さめがあると便利です。小さいものは、少量のクリームや粉類だけを混ぜたりするときに使います。

C. スケール

粉、水分、油などは、デジタルスケールでレシピどおりに計量してください。できれば0.1g単位まで正確に計量できるものが望ましいです。

第1章

型なしでできるかんたんお菓子

no. 1 さくふわドーナツ

卵、小麦粉を使わず、米粉でドーナツをつくるときの課題は、食感です。ガリガリかモッチリになりやすく、さっくりふわっとさせるのが難しいんです。そもそも米粉は、水分が少なければせんべい、多ければもちになろうとします。

そこで登場するのが、きな粉。まず、きな粉に水分を吸わせるのが、中をふわっと仕上げる秘訣です。さらに、生地に楊枝でぐるりと溝をつけることで、火のとおりがよくなり、外はさくっと揚がります。

きな粉の風味は控えめなので、シナモンパウダーやチョコをかけても合いますし、きな粉をふれば、まさにきな粉ドーナツ。少し冷めた頃が、ふわっと感が増しておいしいです。

中はふわっと、
外はさくっと。
米粉と豆腐でつくる
あたらしいドーナツ

つくり方

材 料（4個分）

A
- 豆腐（絹）　100g
- きな粉　25g
- てんさい糖　大さじ2
- 植物油　小さじ1
- 塩　ひとつまみ

米粉（製菓用）　75g

ベーキングパウダー　小さじ1

揚げ油、てんさい糖　各適量

下準備

・10cm角に切ったクッキングシートを4枚つくる

Step. 1 ― 混ぜる

ボウルにAを入れ、ヘラでなめらかになるまでよく混ぜる。

☞ きな粉が水分を吸い、かたくなってくればOK

Step. 2 ― まとめる

米粉とベーキングパウダーを加え、粉っぽさがなくなるまでヘラで混ぜ、手で少しこねて、ひとまとめにする。

☞ ここからは手早く作業しましょう

Step. 3 ― 形をつくる

生地を4等分して丸め、10cm角に切ったクッキングシートにのせて、手で平たくつぶす。指で中央に穴をあけ、穴に沿って楊枝で浅い溝を入れる。

☞ 指に油をつけると、生地がつきにくいです

Step. 4 ― 揚げる

鍋に油を深さ2cmほど注ぎ、弱めの中火（160～170℃）でStep.3を3分～3分半ほど、ときどき上下を返してこんがりするまで揚げる。油をきり、冷めたらてんさい糖を入れたポリ袋に入れ、ふりながらまぶす。

☞ Step.3はシートごと入れ、菜箸でつついてシートを外すとかんたん。少し低温でじっくり揚げましょう

アレンジ

どこか懐かしい、ほっとする甘さ

あんドーナツ

材料（4個分）

A
- 豆腐（絹）　100g
- きな粉　25g
- てんさい糖　大さじ2
- 植物油　小さじ1
- 塩　ひとつまみ

米粉（製菓用）　75g

ベーキングパウダー　小さじ1

好みのあんこ*　大さじ4

揚げ油、てんさい糖　各適量

*市販のもの、またはP.57参照

つくり方

❶「さくふわドーナツ」（右ページ）のStep.2まで同様に生地をつくる。

❷ ❶の生地を4等分して丸め、平たくつぶす。

❸ あんこを大さじ1ずつのせて包み、平たく成形する。

❹ 鍋に油を深さ2cmほど注ぎ、弱めの中火（160〜170℃）で❸を3分〜3分半ほど、ときどき上下を返してこんがりするまで揚げる。油をきり、冷めたらてんさい糖をまぶす。

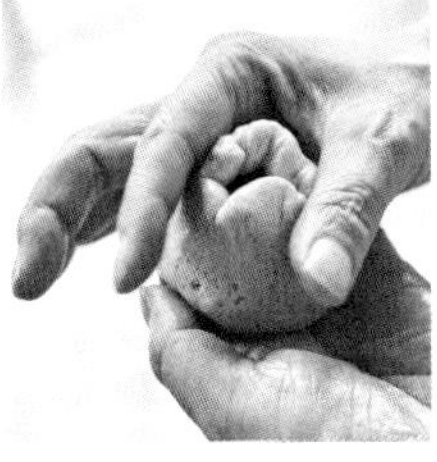

アレンジ

好きな食材を混ぜたり、まぶしたり

きな粉ドーナツ
黒ゴマドーナツ
チョコ風味ドーナツ

きな粉ドーナツ

きな粉とてんさい糖を好みの割合で混ぜ、冷めた「さくふわドーナツ」(P.18)にたっぷりとまぶす。

黒ゴマドーナツ

いりゴマ(黒)大さじ1を「さくふわドーナツ」(P.18)のStep.1で加え、同様に生地をつくる。生地を16等分して丸め、表面にもゴマをたっぷりとまぶし、同様に揚げる。

チョコ風味ドーナツ

小鍋にメープルシロップ(またははちみつ)大さじ3とココアパウダー小さじ2を入れて、スプーンでかき混ぜながら弱火にかける。細かい泡が全体に立ってきたら火を止め、ココナッツオイル大さじ$\frac{1}{2}$を加え、オイルが浮かなくなるまでよく混ぜる。温かいうちに、冷めた「さくふわドーナツ」(P.18)にかける。

きな粉入りの
ドーナツだから
和の食材とも
相性ばつぐん

no.2

リンゴの寒天クラフティ

寒い日は、あつあつとろとろのクラフティをスプーンですくって食べながら、紅茶を飲むのが大好きです。このクラフティは、焼きたてはとろとろですが、冷めるとつるんとした食感に。生地に寒天を入れているので、冷えると固まるんですね。冷めたあとは、ケーキのように、きれいにカットすることもできます。

　生地には、ラム酒を入れたり、シナモンをふってもおいしいです。ココナッツクリームでつくると濃厚に、ココナッツミルクなら、さっぱりと仕上がります。

　そうそう、洋ナシのアレンジを紹介しましたが、柿もおいしいんですよ。レモン汁かブランデーを少しふってから使うと、豆乳ヨーグルトの酸味とよく合います。

クリーミーな生地が
甘酸っぱいリンゴに
とろっとからむ

材 料（約外径23×高さ4cmの耐熱皿1台分）

リンゴ（紅玉）*　1個（正味約200g）
植物油　大さじ1
てんさい糖　20g

A
- 豆乳ヨーグルト　150g
- ココナッツクリーム（またはココナッツミルク）　100g
- てんさい糖　50g
- コーンスターチ（または米粉）　30g
- 粉寒天　小さじ½（1g）
- 塩　ひとつまみ

*紅玉以外を使う場合は、皮をむき、レモン汁を少しふってください

下準備

・オーブンは180℃に予熱する

つくり方

Step. 1 ソテーする

リンゴは芯を除いて2cm角に切って鍋に入れる。植物油とてんさい糖を加えてからめ、弱火にかける。水分が飛んで泡が粘ってくるまで5分ほどソテーする。

Step. 2 混ぜる

ボウルにAを入れ、泡立て器でよく混ぜ、寒天がふやけるまで5分ほどおく。

☞ ココナッツクリームが固まっているときは、湯せんで溶かしてから使いましょう

Step. 3 合わせる

Step.1のリンゴをStep.2に加える。鍋底に残った水分もヘラでこそげ取って加え、混ぜる。

Step. 4 焼く

耐熱皿に植物油（分量外）を薄く塗り、生地を流し込む。180℃に予熱したオーブンで40分ほど、真ん中が膨らんでくるまで焼く。

☞ 冷ますと寒天が固まり、つるんとした食感が出ます

アレンジ

洋ナシなら、さらにかんたん!

洋ナシのクラフティ

材料（約外径23×高さ4cmの耐熱皿1台分）

洋ナシ　1個（正味約200g）

A
- 豆乳ヨーグルト　150g
- ココナッツクリーム（またはココナッツミルク）　100g
- てんさい糖　50g
- コーンスターチ（または米粉）　30g
- 粉寒天　小さじ½（1g）
- 塩　ひとつまみ

下準備

・オーブンは180℃に予熱する

つくり方

❶ 洋ナシは皮と芯を除いて4等分し、5mm幅の薄切りにする。

❷ 耐熱皿に植物油（分量外）を薄く塗り、❶を並べる。

❸ ボウルに**A**を入れ、泡立て器でよく混ぜ、寒天がふやけるまで5分ほどおく。

❹ ❷に生地を流し込み、180℃に予熱したオーブンで40分ほど、真ん中が膨らんでくるまで焼く。

no.3 シナモンクッキー

見た目はプレッツェルのようですが、歯ざわりは軽くてサクサク。「もっとかたくてカリカリしてるのかと思った」と驚かれます。

　サクッとした食感を出すには、水分と油分をしっかり乳化させるのがポイント。「材料のきな粉はちょっぴりだし、なくてもいい？」と聞かれそうですが、そのちょっぴりのきな粉を入れておくことで、豆乳と植物油がしっかりと混ざり合い、軽く口溶けのよいクッキーになるんです。

　ポリ袋で絞りましたが、もちろん絞り袋でもＯＫ。生地はなるべく細めに絞るのが、サクッと食感にするコツです。シナモンパウダーをふったり、コーヒーに浸しながら食べてもおいしいですよ。

ポリ袋で
好きな形に絞り出し！
サクサク食感が
クセになる

材 料（約20～25個分）

A
- 豆乳　40g
- 植物油　40g
- てんさい糖　30～35g
- きな粉　10g
- 塩　ひとつまみ

アーモンドプードル　20g
シナモンパウダー　小さじ1½
米粉（製菓用）　50g
ベーキングパウダー　ふたつまみ

下準備

- オーブンは160℃に予熱する
- 天板にクッキングシートを敷く

Step. 1 吸水させる

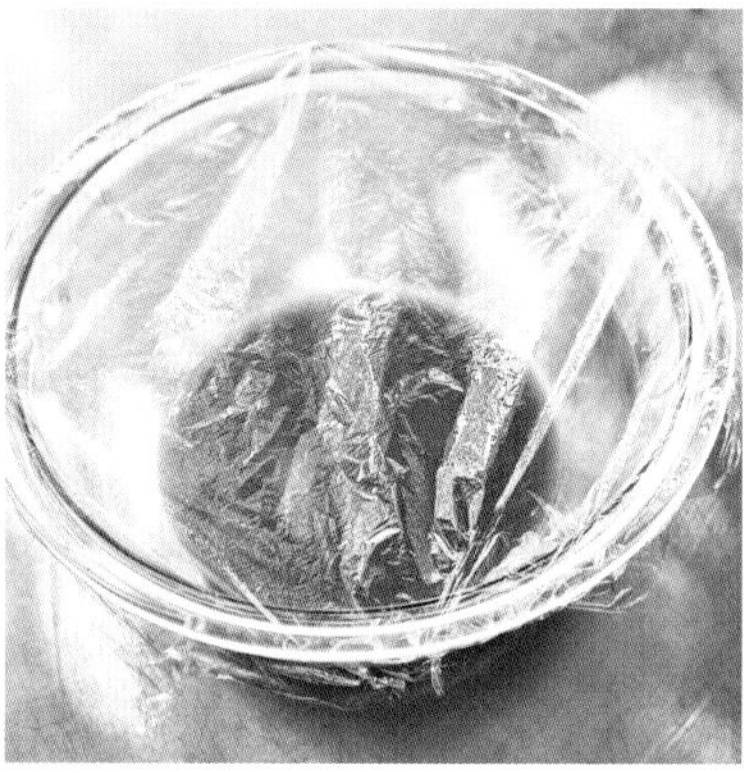

ボウルに**A**を入れ、てんさい糖が溶けるまでよく混ぜたら、ラップをして5分おく。

☞ きな粉が水分を吸うことで、サクッとした食感に仕上がります

Step. 2 粉を加える

アーモンドプードルとシナモンパウダーを加えてよく混ぜる。米粉とベーキングパウダーも加え、なめらかになるまでしっかり混ぜる。

☞ 混ぜすぎても大丈夫！　ぐるぐるとしっかり混ぜましょう

Step. 3 絞る

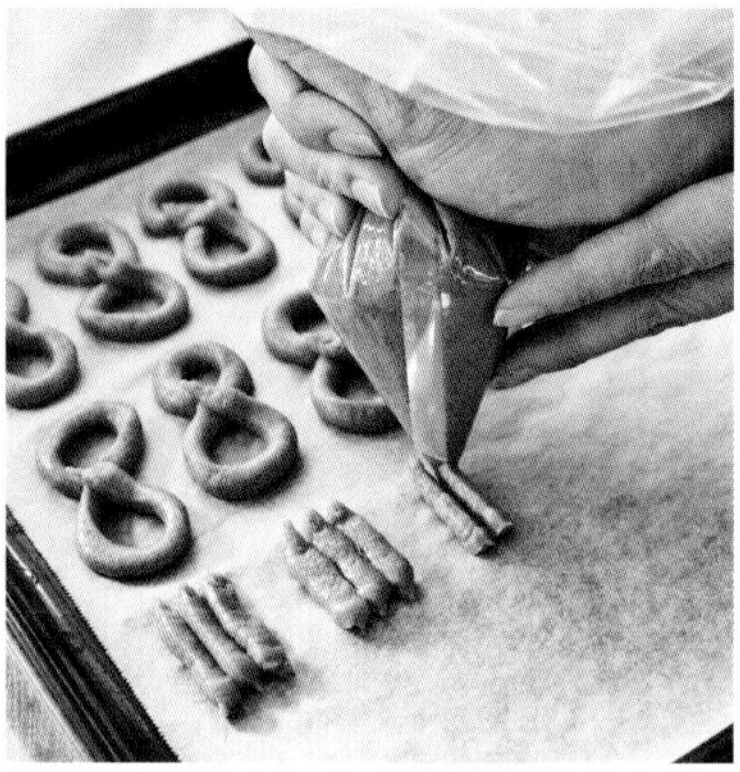

厚手のポリ袋にStep.2を入れ、袋の先を少し切って、クッキングシートを敷いた天板に、好きな形に絞り出す。

☞ 生地を重ねず、細めに絞り出すとサクッと仕上がります。袋の先を切りすぎると、生地が分厚くなるので注意してください

Step. 4 焼く

160℃に予熱したオーブンで20～25分、サクッとするまで焼く。

☞ 10分焼いたところで一度取り出し、天板の向きを変えると焼きムラがなくなります

アレンジ

絞り出し袋を使ってもかわいい

ナッツのジンジャークッキー

材 料（約50個分）

A | 豆乳　40g
　| 植物油　40g
　| てんさい糖　30〜35g
　| きな粉　10g
　| 塩　ひとつまみ

アーモンドプードル　20g
ジンジャーパウダー　小さじ1½
米粉（製菓用）　50g
ベーキングパウダー　ふたつまみ
アーモンドダイス　適量

下準備

・オーブンは160℃に予熱する
・天板にクッキングシートを敷く

つくり方

「シナモンクッキー」（右ページ）のシナモンパウダーをジンジャーパウダーに替えてStep.2まで同様に生地をつくり、絞り出し袋に入れる。クッキングシートを敷いた天板に、生地をなるべく小さく絞り出してアーモンドダイスをのせ、160℃に予熱したオーブンで20〜25分、サクッとするまで焼く。

no.4

フルーツのバタークリームケーキ

名前は「バタークリームケーキ」ですが、乳製品は使っていません。不思議なことに、豆乳ヨーグルト、砂糖、ココナッツオイルの3つだけで、バターのように濃厚でリッチなクリームができるんです。

　大事なのは、温度管理。冬は混ぜているだけでクリーム状になっていきますが、暖かい日は、ボウルを冷やしながら混ぜてください。それをフルーツと一緒にシートケーキにのせれば、華やかなケーキの完成です。

　シートケーキは、型いらずでとてもお手軽。1枚でもいいですし、2枚焼いてクリームとフルーツを順番に重ねてもかわいいです。ココナッツオイルがなければ、バタークリームの代わりにヨーグルトクリーム（111ページ）でも楽しめますよ。

コクのあるクリームと
フルーツの
酸味がマッチ

つくり方

Step. 1
液体を混ぜる

ボウルにAを入れてよく混ぜ、てんさい糖を溶かす。植物油を加え、乳化するまでさらに混ぜる。

Step. 2
粉を加える

米粉とアーモンドプードルを加えてよく混ぜる。

Step. 3
素早く混ぜる

よく混ぜ合わせたBをさらに加え、素早く、しっかり30秒ほど混ぜる。

☞ Bを加えてからは手早く作業しましょう

材 料(直径約20cmのもの1台分)

［シートケーキ］

A
- 豆乳ヨーグルト　100g
- てんさい糖　35g
- 塩　少し

植物油　35g

米粉(製菓用)　70g

アーモンドプードル　20g

B
- コーンスターチ(または片栗粉)　10g
- ベーキングパウダー　小さじ1(4g)
- 重曹　小さじ¼(1g)

［トッピング］

好みのフルーツ、ミントなど　適量

☞ 今回はオレンジ2個、ブルーベリー、キウイ、ミント各少し

ヨーグルトバタークリーム　レシピ量

☞ 左ページ参照

下準備

- オーブンは170℃に予熱する
- 天板にクッキングシートを敷く

Step. 4
生地を焼く

クッキングシートを敷いた天板に、Step. 3を手早く落とし、170℃に予熱したオーブンで20〜25分、キツネ色になるまで焼いて冷ます。

☞ 生地を天板の中心に落とすと、自然に丸くなります

Step. 5
クリームを塗る

生地にクリームをのせ、スプーンなどで円状にのばす。

Step. 6
フルーツをのせる

好みのフルーツを食べやすく切り、好きなだけのせる。

☞ クリームがやわらかい場合は、ケーキを冷蔵庫で少し冷やしてから切りましょう

ヨーグルトバタークリーム

バターが入っているかのような濃厚さ。溶けやすいので、夏はおすすめしません

材 料（つくりやすい分量）

A | 豆乳ヨーグルト（90gを水きりしたもの） 30g
てんさい糖 15g

ココナッツオイル（無香・溶かしたもの） 45g

つくり方

1. 小さめのボウルにAを入れて泡立て器でよく混ぜ、てんさい糖を溶かす。
2. ココナッツオイルを一度に加え、よく混ぜて乳化させる。ふわっとクリーム状になれば完成。やわらかいうちにケーキにのせる。

☞ココナッツオイルの冷えると固まる性質を利用しているので、暖かい日はボウルごと冷やしながら、ふんわりするまでよく混ぜましょう。冷やしすぎてツブツブになったら、ボウルごと少し温めて溶かし、もう一度よく混ぜればなめらかになります

お祝いの日にもぴったりな型なしケーキ

アレンジ

華やかな見た目にときめく

イチゴの2段ケーキ

材 料（直径約20cmのもの1台分）

［シートケーキ］ ☞この生地を2枚焼く

A ｜ 豆乳ヨーグルト　100g
｜ てんさい糖　35g
｜ 塩　少し

植物油　35g

米粉（製菓用）　70g

アーモンドプードル　20g

B ｜ コーンスターチ
｜（または片栗粉）　10g
｜ ベーキングパウダー
｜ 小さじ1（4g）
｜ 重曹　小さじ¼（1g）

［トッピング］

イチゴ（縦3等分に切る）　½パック

ヨーグルトバタークリーム
　レシピの倍量　☞P.33参照

つくり方

❶ 「フルーツのバタークリームケーキ」（P.32）と同様の生地を2枚焼く。

❷ 生地1枚にクリーム適量をのせ、スプーンなどで円状にのばす。

❸ イチゴの約⅔量をのせ、うっすらイチゴが隠れる程度にクリームをのばし、もう1枚の生地をのせる。同様にクリームをのばし、残りのイチゴをのせる。

no.5 ビスコッティ

「二度焼いた」という意味をもつイタリアの伝統菓子・ビスコッティは、ざくざくした食感が特徴。ところが卵や小麦粉を使わずにつくると、ひび割れてボロボロになってしまったり、ガリガリと湿気たおせんべいのような食感になりがちなんです。

　そこで登場するのが「寒天」。寒天を加えるとあら不思議！　生地をしっかりつないでくれて、切るときも、冷めてからも割れにくく、サックサクに仕上がります。寒天にしっかり働いてもらうため、寒天を混ぜてからは、必ず5分以上おくのがポイントです。

　生地には、ドライフルーツなどを入れてもOK。紅茶やコーヒーと一緒にお楽しみください。

歯ざわりが楽しい寒天入りのビスコッティ

つくり方

Step. 1
豆腐を混ぜる

ボウルに**A**を入れ、泡立て器で豆腐がなめらかになるまでよく混ぜる。

Step. 2
寒天を加える

粉寒天を加えて混ぜ、5分以上おく。植物油を加えて油が浮かなくなるまでよく混ぜる。

☞ 5分以上おくと粉寒天が水分を吸ってかたくなります

Step. 3
まとめる

Bを上から順に加えてその都度ヘラで混ぜ、粉っぽさがなくなるまでよく混ぜる。細かく刻んだチョコとナッツも加えて混ぜる。

材 料(約10本分)

- **A**
  - 豆腐(絹)　50g
  - てんさい糖　30g
  - 塩　ひとつまみ
- 粉寒天　小さじ2(4g)
- 植物油　大さじ1½
- **B**
  - アーモンドプードル　25g
  - 米粉(製菓用)　50g
  - ベーキングパウダー　小さじ⅓
- 好みのチョコレート*　30g
- 好みのナッツ(ロースト)　30g

*ここでは、乳製品不使用のものを使用

下準備

- オーブンは160℃に予熱する
- 天板にクッキングシートを敷く

Step. 4

焼く

クッキングシートを敷いた天板に生地を1cm厚さの長方形にのばし、160℃に予熱したオーブンで20分焼く。

Step. 5

生地を切る

生地が冷めたら1cm幅にカットする。

☞ 生地が割れないよう、必ず冷ましてからカットしましょう

Step. 6

もう一度焼く

Step.5 の断面を上にして天板に並べ、150℃に予熱したオーブンで20分焼く。上下を返し、サクッとするまでさらに10〜15分焼く。

☞ ひっくり返すとき、生地がくずれやすいので注意してください

アレンジ

ほんのり大人の味わい

コーヒービスコッティ

材 料（約10本分）

A | 豆腐（絹）　50g
　| てんさい糖　30g
　| 塩　ひとつまみ

粉寒天　小さじ2（4g）

植物油　大さじ1½

粉末コーヒー　5g

B | アーモンドプードル　25g
　| 米粉（製菓用）　50g
　| ベーキングパウダー　小さじ⅓

好みのチョコレート＊　30g

マカダミアナッツ　30g

＊ここでは、乳製品不使用のものを使用

下準備

・オーブンは160℃に予熱する

・天板にクッキングシートを敷く

つくり方

「ビスコッティ」（P.38）のStep.2の最後に粉末コーヒーを加え、Step.3から同様につくる。

アレンジ

ゴマの風味が香ばしい

白ゴマビスコッティ

材 料（約10本分）

A | 豆腐（絹）　50g
　　てんさい糖　30g
　　塩　ひとつまみ

粉寒天　小さじ2（4g）

植物油　大さじ1½

B | アーモンドプードル　25g
　　米粉（製菓用）　50g
　　ベーキングパウダー　小さじ⅓

いりゴマ（白）　50g

下準備

・オーブンは160℃に予熱する

・天板にクッキングシートを敷く

つくり方

「ビスコッティ」（P.38）の Step.3 でチョコレートとナッツの代わりにいりゴマを加え、Step.4 から同様につくる。

no.6

ゴロゴロパイナップルケーキ

生のパイナップルをそのままケーキに入れて焼くと、生地が水っぽくなってしまいます。でも、コンポートにしてから入れるのはちょっと面倒ですよね。

　そこで、パイナップルにてんさい糖をまぶして浸透圧で水分を出し、その水分を生地に混ぜ込むことに。そうすることで、パイナップル果汁の酸と重曹が反応し、ケーキがふんわりと膨らみます。生地に残るお豆腐の香りも消えるので、一石二鳥。パイナップルの果肉もほどよく水分が抜け、生地に混ぜたり、上にのせたりしても、水っぽくならないというわけです。

　好みのスパイスを加えてもいいですし、暑い日は、冷蔵庫で冷やして食べてもおいしいですよ。

パイナップル果汁が
たっぷり！
バットでつくる
混ぜるだけケーキ

つくり方

Step. 1 マリネする

パイナップルは8等分にして皮と芯を除き、1cm幅に切る。**A**を加えて混ぜ、しばらくおく。てんさい糖が溶けて水分が出てきたら、60gを取り分け、ざっくり刻んでおく。

☞ ときどき混ぜると早く溶けます

Step. 2 豆腐を混ぜる

ボウルに**B**を入れる。泡立て器で豆腐がなめらかになるまでよく混ぜ、Step.1 で出た水分のみ（大さじ2くらい出る）を加えて混ぜる。

Step. 3 オイルを加える

植物油を加え、とろりと乳化するまで混ぜる。

材 料（21×14×深さ4cmのバット1台分）

パイナップル（生）　正味150g

A
- てんさい糖　30g
  ☞ パイナップルの20%
- ラム酒*　小さじ1

B
- 豆腐（絹）　75g
- てんさい糖　40g
- 塩　ひとつまみ

植物油　50g

米粉（製菓用）　100g

アーモンドプードル　25g

ベーキングパウダー　小さじ1（4g）

重曹　小さじ¼（1g）

*ラム酒は、リキュールやブランデー、水でも代用できる

下準備

- オーブンは170℃に予熱する
- バットにクッキングシートを敷く

Step. 4
粉を加える

米粉とアーモンドプードルを加え、その上にベーキングパウダーと重曹を加える。泡立て器で、なめらかになるまで素早く、しっかり混ぜる。

☞ 粉を加えてからは手早く作業しましょう

Step. 5
果肉を加える

Step.1で刻んだパイナップルも加えてさっと混ぜ、クッキングシートを敷いたバットに、すぐに流し込む。

Step. 6
焼く

生地の表面をならし、残りのパイナップルをのせたら、170℃に予熱したオーブンで40〜45分、表面がこんがりとキツネ色になるまで焼く。

Point

ケーキが冷めて、パイナップルの果汁がなじんだ頃に食べましょう。冷蔵庫で少し冷やしてから食べてもおいしいです。

no.7 オートミールとクルミのざくざくクッキー

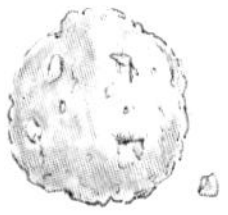

　ざくざくした歯ざわりが楽しい、混ぜるだけのクッキーです。おいしくつくるポイントは3つ。まずは、オートミールを手で砕くこと。粉のようなところと粗いところができて、それが独特の食感をつくります。

　2つ目は、生地がまとまってからナッツを入れること。先に生地に水分を吸わせることで、食感がよくなり、クルミも湿気ません。

　最後は、生地の水分が飛ぶまでしっかり焼くこと。このクッキーは焼きたりないより、焼きすぎの方がよっぽどおいしいです。

　ポイントさえ守れば、ボウルひとつで混ぜるだけ。食物繊維やビタミンも豊富なので、お子さんの栄養補給にもぴったりです。

ボウルひとつでつくる ざくざく食感の ヘルシークッキー

つくり方

材料（12個分）

オートミール　60g

A
- コーンスターチ（または片栗粉）　30g
- きな粉　10g
- てんさい糖　25〜30g
- 塩　ひとつまみ

植物油　40g

豆乳　15g

クルミ（ロースト）　20g

下準備

- オーブンは160℃に予熱する
- 天板にクッキングシートを敷く

Step. 1　粉を混ぜる

ボウルにオートミールを入れて手でギュッと握って粗めに砕き、**A**を加えてヘラでさっと混ぜる。

Step. 2　オイルを加える

植物油を加え、粉っぽさがなくなるまで混ぜる。

Step. 3　豆乳を加える

豆乳を加え、生地がかたくなり、まとまってくるまでよく混ぜる。砕いたクルミも加えてさっと混ぜる。

☞ 混ぜているうちに、最初はベタベタだった生地がだんだんまとまってきます

Step. 4　焼く

生地を12等分して、クッキングシートを敷いた天板にのせる。軽く丸めてからスプーンなどで平たくし、160℃に予熱したオーブンで20〜25分、サクッとするまで焼く。

アレンジ

ココアを入れたらチョコ味に

オートミールのチョコクッキー

材 料（35個分）

オートミール　60g

A
- コーンスターチ（または片栗粉）　20g
- ココアパウダー　10g
- きな粉　10g
- てんさい糖　25〜30g
- 塩　ひとつまみ

植物油　40g

豆乳　15g

ココナッツフレーク　20g

下準備

・オーブンは160℃に予熱する

・天板にクッキングシートを敷く

つくり方

左の材料を使い、「オートミールとクルミのざくざくクッキー」（右ページ）のStep.3まで同様に生地をつくる。生地にラップをしてめん棒で5mm厚さにのばし、包丁でひと口大の正方形に切る。160℃に予熱したオーブンで10分、150℃に下げて20分焼く。

☞ めん棒がない場合は、手で1cm厚さにのばしてください

no.8

ふわふわレモンケーキ

ふわっとかろやかな生地に、甘酸っぱいレモン味のアイシング。すりおろしたレモンの皮が、アクセントになったさわやかなケーキです。

　ふわふわ生地の秘密は、レモン汁と重曹。酸性のレモン汁が、重曹のアルカリと反応してプクプク発泡し、ケーキをふっくらさせてくれるのです。レモン汁を加えると、20秒くらいで全体が白くふわっと膨らむので、手早くバットに流し込みましょう。

　レモンアイシングは、ケーキをよく冷やしてからかけると、すぐにホワイトチョコのようにパリッと固まります。リッチな味わいが、あっさり軽い生地によく合うので、ぜひお試しくださいね。ピスタチオなどをのせてもかわいいですよ。

さわやかな風味が
口じゅうに広がる
かろやかなケーキ

つくり方

材料（21×14×深さ4cmのバット1台分）

A
- 米粉（製菓用）　60g
- コーンスターチ
  （または片栗粉）　30g
- アーモンドプードル　30g
- ベーキングパウダー
  小さじ1（4g）
- 重曹　小さじ⅓（1.5g）

B
- 豆乳　100g
- てんさい糖　40g
- レモンの皮（すりおろす）*
  ½個分

植物油　40g
レモン汁　20g
レモンアイシング　適量
☞ 左ページ参照
＊レモンは、ワックス、防腐剤不使用のものを使用

下準備
- オーブンは170℃に予熱する
- バットにクッキングシートを敷く

Step. 1　混ぜる

ボウルに**A**を入れ、泡立て器で混ぜておく。別のボウルに**B**を入れて混ぜ、てんさい糖が溶けたら植物油を加え、油が浮かなくなるまで混ぜる。

Step. 2　レモン汁を加える

Step.1の混ぜ合わせた**A**を**B**のボウルに加え、粉っぽさがなくなるまで混ぜる。レモン汁を加えて素早く、しっかり20〜30秒ほど混ぜる。

☞ レモン汁を加えると、生地が膨らみ始めます。手早く作業しましょう

Step. 3　焼く

すぐにクッキングシートを敷いたバットに流し込み、170℃に予熱したオーブンで30分ほど焼く。

Step. 4　アイシングをする

ケーキがしっかり冷めたら、好みの大きさにカットして、レモンアイシングをかける。レモンの皮のすりおろし適量（分量外）を散らし、表面が固まるまで冷蔵庫で冷やす。

アレンジ

アイシングなしでもおいしい

レモンシロップケーキ

つくり方（21×14×深さ4cmのバット1台分）

「ふわふわレモンケーキ」（右ページ）のStep.3まで同様につくる。メープルシロップ小さじ1とレモン汁小さじ½を混ぜ合わせてシロップをつくり、ケーキが熱いうちにスプーンでかける。はちみつでもOK。

レモンアイシング

さっぱりとしたアイシングは
ほかの焼き菓子にかけてもおいしい

材料（つくりやすい分量）

A
- てんさい糖　15g
- 豆乳　小さじ1
- レモン汁　小さじ½

ココナッツオイル（無香・溶かしたもの）　30g

つくり方

ボウルに**A**を入れて泡立て器で混ぜ、てんさい糖を溶かす。ココナッツオイルを加えてさらによく混ぜ、とろりと白く濁った状態にする。

☞ ココナッツオイルの冷えると固まる性質を利用しています。なかなかクリーム状にならないときは、ボウルごと冷やしながら混ぜてください。完成したら、すぐにケーキにかけましょう

no. 9

チョコあんクッキー

作業時間は10分！　すぐにつくれるチョコクッキーです。サクサクでしっとりとした食感を生んでいるのは「こしあん」。小麦粉不使用とは思えない、口溶けのよい仕上がりになるから不思議です。

材料のメープルシロップ（またははちみつ）は、生地の「つなぎ」役。入れ忘れると、焼き上がったクッキーがくずれやすくなってしまうので、注意してくださいね。

上手につくるコツは、寒い部屋でつくること。あんこを入れたとたん、みるみる生地がまとまり、形をつくるのもかんたんです。乳製品がダメな人は、乳製品不使用のチョコレートを使ってください。今はおいしいものがたくさん出回っています。

しっとり食感の
秘密は〝あんこ〟。
言われなければ
気づきません

材料（6個分）

- A
  - 植物油　40g
  - ココアパウダー　大さじ1（6g）
- B
  - 米粉（製菓用）　25g
  - アーモンドプードル　25g
- C
  - こしあん*1　50g
  - メープルシロップ*2　10g
- 好みのチョコレート*3　30g
- 好みのナッツ（ロースト）　10g

＊1　市販のもの、または左ページ参照
＊2　同量のはちみつでも代用できる
＊3　ここでは、乳製品不使用のものを使用

下準備

・オーブンは160℃に予熱する
・天板にクッキングシートを敷く

Step. 1 ココアを溶かす

ボウルにAを入れ、ダマがなくなるまでヘラでよく混ぜる。

Step. 2 粉を混ぜる

Bを加え、なめらかになるまでさらによく混ぜる。

Step. 3 まとめる

Cを加えてよく混ぜ、ひとかたまりになったら、刻んだチョコとナッツを加える。

☞ やわらかくてベタベタしていたら、冷蔵庫で少し冷やすと扱いやすいです

Step. 4 焼く

生地を6等分して、スプーンで押さえて平たくし、160℃に予熱したオーブンで20～25分焼く。

☞ 焼きたてはくずれやすいので、よく冷ますこと。冷蔵庫で冷やすとおいしいです

アレンジ

ほっとするやさしい味わい

白あんクッキー

つくり方（6個分）

「チョコあんクッキー」（右ページ）の材料からココアパウダーを抜き、こしあんを白あんに替え、同様につくる。生地の表面にもチョコやナッツを少しのせてもかわいい。

皮ごとこしあん

あんこも手づくりしたい人は、
こちらのレシピで。
意外とかんたんにつくれます

材 料（つくりやすい分量）

あずき　200g
てんさい糖　150g（好みで増減する）
塩　ふたつまみ

つくり方

❶ 鍋にたっぷりの湯を沸かし、あずきを加えて火を止める。フタをして豆のシワがのびるまで30分ほど蒸らす。
❷ ザルに❶を上げ、鍋についたアクをさっと流してから鍋に戻し入れ、豆の4倍くらいの水（分量外）を注いで火にかける。沸騰したら弱めの中火にし、あずきがやわらかくなるまでゆで、ブレンダーでなめらかになるまで攪拌する。
❸ てんさい糖と塩を加えて混ぜ、弱火にかけてひと煮立ちさせる。ゆるい場合は好みのかたさまで煮つめる。

白あんの場合

白いんげん豆をたっぷりの水に浸けてひと晩戻す。水を捨て、豆の4倍の水を加えて中火にかけ、沸騰したら弱火にし、アクを取りながらやわらかくなるまでゆでる。ゆで汁を少し残して捨て、ブレンダーでなめらかになるまで攪拌し、❸から同様につくる。

no.10

ボウルチョコケーキ

材料を混ぜ合わせたボウルを、そのままオーブンに入れたかんたんケーキです。焼き上がったら、ボウルをそうっと網に返して冷ますと、自然にケーキがスポッと抜けます。ただし、混ぜたりなかったり、ボウルをトントン打ちつける作業を忘れると、冷ます間に生地がくずれ落ちるので、ご注意を。

シンプルなケーキは、アレンジも自在。ラムレーズンを入れてもいいですし、仕上げにココアパウダーをふれば大人の味になります。煮立てたメープルシロップを塗ってコーティングしてもいいですね。

さっぱり味のヨーグルトクリーム（111ページ）やフルーツを添えても、楽しめますよ。

ボウルで混ぜて
そのままオーブンへ。
アレンジ自在の
チョコケーキ

材 料（18〜20cmのステンレスボウル1個分）

豆腐（絹）　120g

A ｜ てんさい糖　40〜50g
　 ｜ 塩　ひとつまみ

植物油　50g

ココアパウダー　25g

B ｜ アーモンドプードル　25g
　 ｜ 米粉（製菓用）　70g
　 ｜ シナモンパウダー*　小さじ1½
　 ｜ ベーキングパウダー
　 ｜ 　小さじ1（4g）
　 ｜ 重曹　小さじ⅓（1.5g）

レモン汁　20g

＊スパイスは、ジンジャー、カルダモンなどでもよい

下準備

・オーブンは170℃に予熱する

Step. 1 豆腐を混ぜる

ボウルに豆腐を入れ、泡立て器でよく混ぜてなめらかにする。**A**を加えて混ぜ、さらに植物油を加えて乳化するまでよく混ぜる。

Step. 2 粉を加える

ココアを加えてなめらかになるまでよく混ぜる。ヘラに持ち替えて**B**を上から順に加え、その都度よく混ぜる。

☞ ココアを先に加えるとダマになりにくく、生地がしっとり仕上がります。ベーキングパウダーを加えてからは手早く作業しましょう

Step. 3 レモン汁を加える

泡立て器に持ち替えてレモン汁を加え、素早く、しっかり30秒ほど混ぜる。

☞ よく混ぜないと味が落ち、膨らみが悪くなります。ただし、急いで混ぜてください

Step. 4 ボウルごと焼く

ヘラで生地の表面をならしてボウルの内側もきれいにし、台に数回打ちつけて空気を抜く。170℃に予熱したオーブンで30〜35分ほど焼き、ボウルごとそうっと返して網の上に置き、冷ます（P.65 Step.5 参照）。

☞ 竹串を刺し、生地がついてこなければ焼き上がり

アレンジ

同系色のクリームがかわいい

チョコクリームケーキ

つくり方（18〜20cmのステンレスボウル1個分）

「ボウルチョコケーキ」（右ページ）を焼く。「豆腐チョコクリーム」（下記参照）のレシピ量をスプーンなどで上からのせてのばし、クルミ（ロースト）適量を飾る。

豆腐チョコクリーム

お豆腐ベースのチョコバタークリーム。寒い日につくると、かんたんです

材料（つくりやすい分量）

豆腐（絹）　30g

A
- てんさい糖　15g
- ココアパウダー　大さじ1
- ラム酒　小さじ⅓
  ☞ブランデーやバニラエキストラクトなどでもよい

ココナッツオイル（無香・溶かしたもの）　45g

つくり方

小さめのボウルに豆腐を入れ、泡立て器でよく混ぜてなめらかにし、**A**を加えて溶けるまで混ぜる。ココナッツオイルを加え、乳化してふんわりするまでよく混ぜる。やわらかいうちにケーキにのせる。

☞ココナッツオイルの冷えると固まる性質を利用しているので、暖かい日はボウルごと冷やしながら、ふんわりするまでよく混ぜましょう。冷やしすぎてツブツブになったら、ボウルごと少し温めて溶かし、もう一度よく混ぜればなめらかになります

no. 11

ボウルシュトーレン

雪のように真っ白なドーム形ケーキは、クリスマスのおやつにぴったり。「ボウルシュトーレン」という名前のとおり、生地を混ぜたボウルのまま、オーブンで焼き上げます。

アイシングをきれいにかけるコツは、ケーキを完全に冷ましておくこと。部屋が暖かければ、冷蔵庫にしばらく入れるといいでしょう。なくても十分おいしいですが、アイシングをしておくと、5日ほど経ってもおいしさを保てます。

材料のジャム、スパイス、ドライフルーツ、ナッツなどは、すべて好みのものでOK。ジャムを入れると風味が増すほか、「つなぎ」になって具材をたくさん入れてもくずれにくくなります。自分だけのシュトーレンをつくってみてください。

シュトーレン風ケーキは
計量から焼くまで
ボウルひとつで完結

つくり方

Step. 1
混ぜる

ボウルに豆腐を入れ、泡立て器でよく混ぜてなめらかにし、**A**を加えて混ぜる。ココナッツオイルを加えて乳化するまでよく混ぜ、ジャムも加えて混ぜる。

Step. 2
粉を加える

スケールにStep.1のボウルをのせ、**B**を量りながら順に加える。

☞ ベーキングパウダーを加えてからは、手早く作業しましょう

Step. 3
フルーツ類を加える

泡立て器でツヤが出るまでよく混ぜ、**C**を加えてさっと混ぜる。

材 料（18〜20cmのステンレスボウル1個分）

豆腐（絹） 100g

A | てんさい糖 40g
　 | 塩 ひとつまみ

ココナッツオイル
（無香・溶かしたもの） 40g

オレンジジャム
（または好みのジャム） 20g

B | 米粉（製菓用） 70g
　 | アーモンドプードル 30g
　 | 好みのスパイス（パウダー）[1] 小さじ1強
　 | ベーキングパウダー 小さじ1強

C | 好みのドライフルーツ 50g
　 | （ラム酒小さじ2でふやかす）[2]
　 | 好みのナッツ（ロースト） 20g

メープルアイシング レシピ量

☞ 左ページ参照

＊1 スパイスは、シナモン、ジンジャー、カルダモンなど、どれか1種類でも、2種類以上を組み合わせてもよい

＊2 ラム酒は、リキュールやブランデー、フルーツジュースでも代用できる

下準備

・オーブンは170℃に予熱する

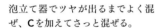

Step. 4

ボウルごと焼く

ヘラで生地の表面と内側をきれいにし、ボウルごと台に数回打ちつけて空気を抜く。170℃に予熱したオーブンで40分ほど焼く。

☞ 竹串を刺し、生地がついてこなければ焼き上がり

Step. 5

ボウルを逆さにする

ボウルごとそうっと返して網の上に置き、自然にボウルから抜けるまで冷ます。

Step. 6

仕上げる

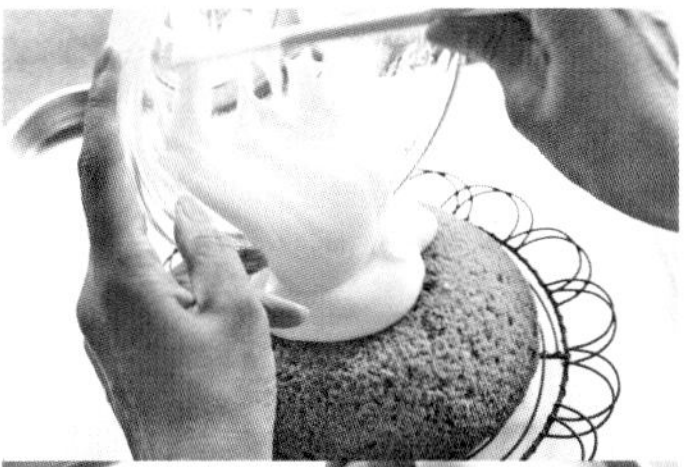

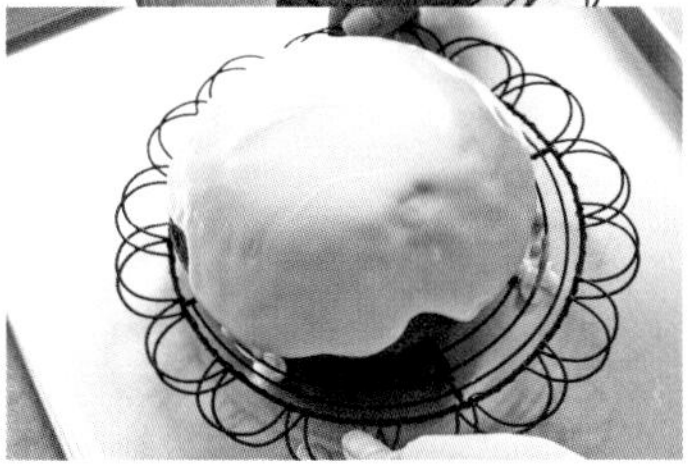

バットなどにStep.5を網ごとのせ、真上からアイシングをかけたら、表面が固まるまで冷蔵庫で冷やす。

☞ アイシングは、生地が完全に冷めてから、ドバッと一度にかけ、網ごとトントンと台などに打ちつけるときれいに仕上がります

メープルアイシング

2つの材料を混ぜるだけで完成。
もっともベーシックなアイシングです

材 料（つくりやすい分量）
ココナッツオイル（無香・溶かしたもの）　30g
メープルシロップ＊　20g
＊同量のはちみつでも代用できる

つくり方
ボウルに材料をすべて入れ、ふわっとクリーム状になるまで泡立て器で混ぜる。

☞ ココナッツオイルの冷えると固まる性質を利用しています。なかなかクリーム状にならないときは、ボウルごと冷やしながら混ぜてください。完成したら、すぐにケーキにかけましょう

no.12

型なしミニタルト

ポリ袋で生地を混ぜ、指で形をつくれば完成！ ざくざく、ホロホロ食感の、とても手軽なタルトです。

びっくりするくらいやわらかい生地ですが、焼けばざくざくになるので、心配無用。小麦粉と違ってグルテンができないので、生地を触りすぎても、焼き縮みしたり、かたくなったりすることがありません。形がうまくいかなかったら、納得がいくまでやり直しても大丈夫です。

おいしいジャムやスプレッドがあったら、ぜひこのタルトにのせてみてください。さわやかな風味のレモンカスタードクリームもおすすめです。テーブルの上で、好きなものを好きなだけのせて食べる。それだけで、ちょっと特別なおやつの時間になりますよ。

手のひらサイズの
ざくっとタルトに
好きなものをのせて
いただきます

つくり方

Step. 1
オートミールを砕く

厚手のポリ袋にオートミールを入れ、手でギュッギュッと握りつぶすようにして粉状にする。

☞ オートミールはなるべく細かく、粒がなくなるぐらいまで砕きましょう。粉状にしないと生地がまとまりません

Step. 2
粉を加える

Aを加え、空気を入れて袋の口をねじり、よくふる。

Step. 3
液体を加える

植物油、メープルシロップの順に加え、その都度、袋の上から手でよくもむ。

材 料（6個分）

オートミール＊　50g

A
- 米粉（製菓用）　40g
- アーモンドプードル　10g
- 塩　ひとつまみ

植物油　35g

メープルシロップ　25g

好みのジャムやクリーム、
　フルーツなど　適量

＊オートミールは、クイックオーツなどの細かいフレークタイプがおすすめ。かたくて大きいタイプは、手で砕きにくいので、フードプロセッサーやミルにまとめてかけておくと便利

下準備

・オーブンは160℃に予熱する

・10cm角に切ったクッキングシートを6枚つくる

Step. 4

生地をまとめる

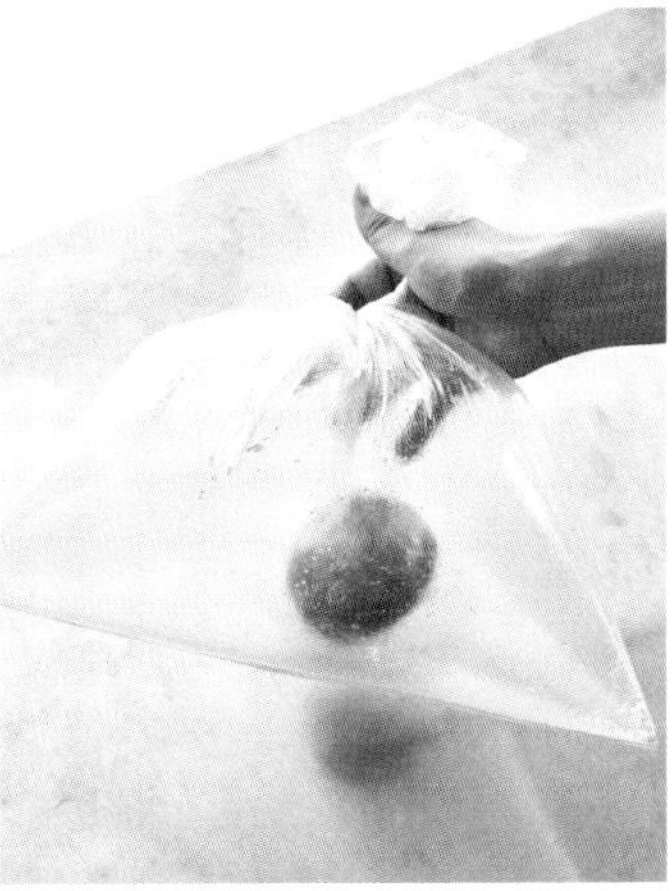

空気を入れて袋の口をねじり、勢いよくふってひとかたまりにする。

☞ 袋をパンパンにしてふると、袋の内側についた生地が取れ、きれいにひとつにまとまります

Step. 5

成形する

生地を6等分して丸め、10cm角に切ったクッキングシートにのせる。手で平たくつぶし、縁から1cm内側を指でぐるりと押して跡をつけたら、中心を押して直径約8cmにし、端をつまんで高くする。

Step. 6

焼く

フォークで3か所ほど穴をあけ、160℃に予熱したオーブンで20～25分、サクッとするまで焼く。粗熱がとれたら、好みのジャムやクリーム（下記参照）などをのせていただく。

☞ 穴をあけることで、生地が膨らむのを防ぎます。冷めるまでは生地がくずれやすいので、注意してください

レモンカスタードクリーム

卵を使わないカスタード。
さっぱりとした味わいで、あと味もすっきり

材料（つくりやすい分量）

A
- 米粉（製菓用）　15g
- 植物油　25g

B
- てんさい糖　50g
- 塩　ひとつまみ

豆乳　250g

C
- レモン汁　25g
- レモンの皮*（すりおろす）　½個分

*レモンは、ワックス、防腐剤不使用のものを使用

つくり方

❶ 小鍋に**A**を入れてヘラでなめらかになるまで混ぜ、**B**も加えてよく混ぜる。
❷ 豆乳を加えてよく混ぜ、中火にかける。沸騰したら弱火にし、よくかき混ぜながら3分加熱する。火を止め、**C**を加えてよく混ぜる。
❸ 保存容器に入れてラップを表面にはりつけ、粗熱をとって冷蔵庫でよく冷やす。

no.13

バナナクリームタルト

手間のかかるイメージがあるタルトですが、このタルトはポリ袋に材料を入れるだけ。型がなくても、かんたんに生地がつくれます。

おいしさの秘密は、中に入れたバナナ風味のアーモンドクリーム。バナナの粘り気が卵代わりのつなぎになって、ふんわりとおいしいんです。バターを使わないので、混ぜるときもコツいらず。甘い香りのリッチなクリームとサクサクと香ばしいタルトがよく合いますよ。

基本の生地さえ覚えれば、アレンジは無限大。アーモンドクリームにラム酒を少し入れてもいいですし、洋ナシやラズベリーなどをのせて一緒に焼いてもいいですね。フルーツをのせて焼く場合は、水分が飛ぶまでしっかり長めに焼きましょう。

バナナクリームがたっぷりつまったポリ袋でつくる型なしタルト

つくり方

Step. 1
生地をつくる

厚手のポリ袋にオートミールを入れ、手で握りつぶすようにして粉状にする。**A**を加えて袋に空気を入れ、口をねじってよくふる。植物油、メープルシロップの順に加えて袋の上からよくもみ、ひとかたまりにする。

☞「型なしミニタルト」(P.68)と同様の生地です

Step. 2
生地をのばす

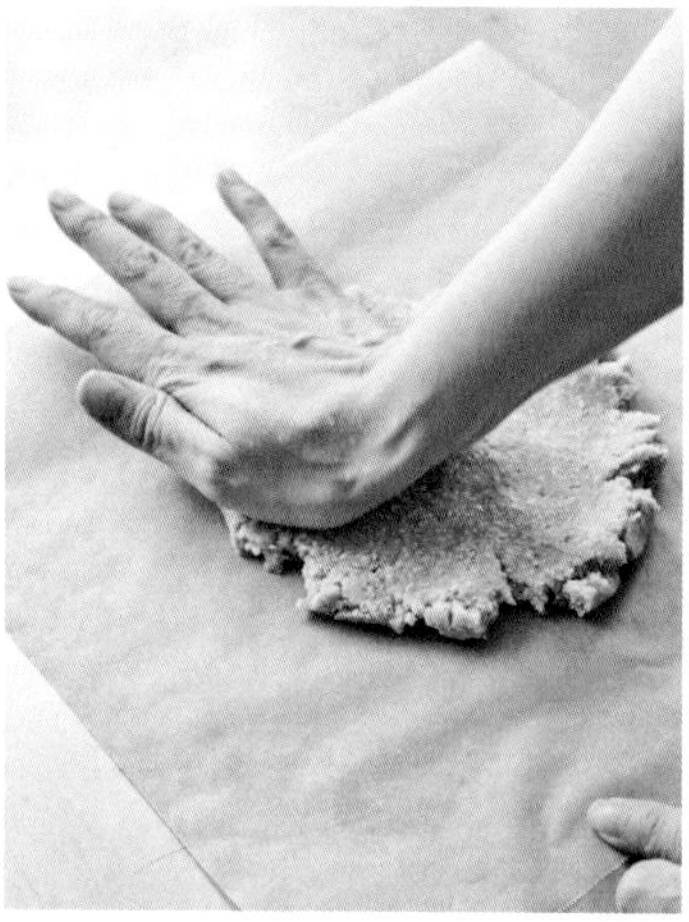

クッキングシートの上に生地をのせて手のひらで平たくつぶす。

Step. 3
成形してから焼きする

端をつまんで高くし、指でひだをつくって直径20cmぐらいにする。フォークで穴をあけ、160℃に予熱したオーブンで10分から焼きする。

材 料(直径約20cmのタルト1台分)

[タルト台]
オートミール* 50g
A 米粉(製菓用) 40g
アーモンドプードル 10g
塩 ひとつまみ
植物油 35g
メープルシロップ 25g

[トッピング]
バナナアーモンドクリーム
レシピ量 ☞左ページ参照
あんずジャム(あれば) 大さじ1
バナナ 2本
好みのクリーム 適量
☞「ヨーグルトバタークリーム」(P.33)、「さっぱりヨーグルトクリーム」(P.111)など

*オートミールは、クイックオーツなどの細かいフレークタイプがおすすめ。かたくて大きいタイプは、手で砕きにくいので、フードプロセッサーやミルにまとめてかけておくと便利

下準備

・オーブンは160℃に予熱する

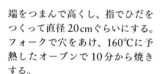

Step. 4

もう一度焼く

バナナアーモンドクリームをタルト台に入れて160℃に予熱したオーブンで30分焼く。

Step. 5

バナナをのせる

あんずジャムを塗り、スライスしたバナナを全体にのせる。

Step. 6

クリームをのせる

好みのクリームをのせ、全体にのばす。仕上げに泡立て器の先端で角を立てるようにして模様をつける。

☞「ヨーグルトバタークリーム」を使うときは、冷やしながらよく混ぜるほど、ふんわりします

バナナアーモンドクリーム

どんなタルトにも使える万能クリーム。
パンなどにのせて焼いてもおいしい

材料（つくりやすい分量）

A
- バナナ　40g
- レモン汁　小さじ½

B
- てんさい糖　25g
- 塩　少し

植物油　40g

C
- アーモンドプードル　40g
- 米粉（製菓用）　30g
- ベーキングパウダー　小さじ¼（1g）

つくり方

1. ボウルに**A**を入れてフォークでつぶし、**B**を加えて泡立て器でなめらかになるまでよく混ぜる。
2. 植物油を加えて乳化するまでよく混ぜ、**C**を加えてなめらかになるまで混ぜる。

アレンジ

ナッツの香ばしさが口じゅうに広がる

バナナクリームのナッツタルト

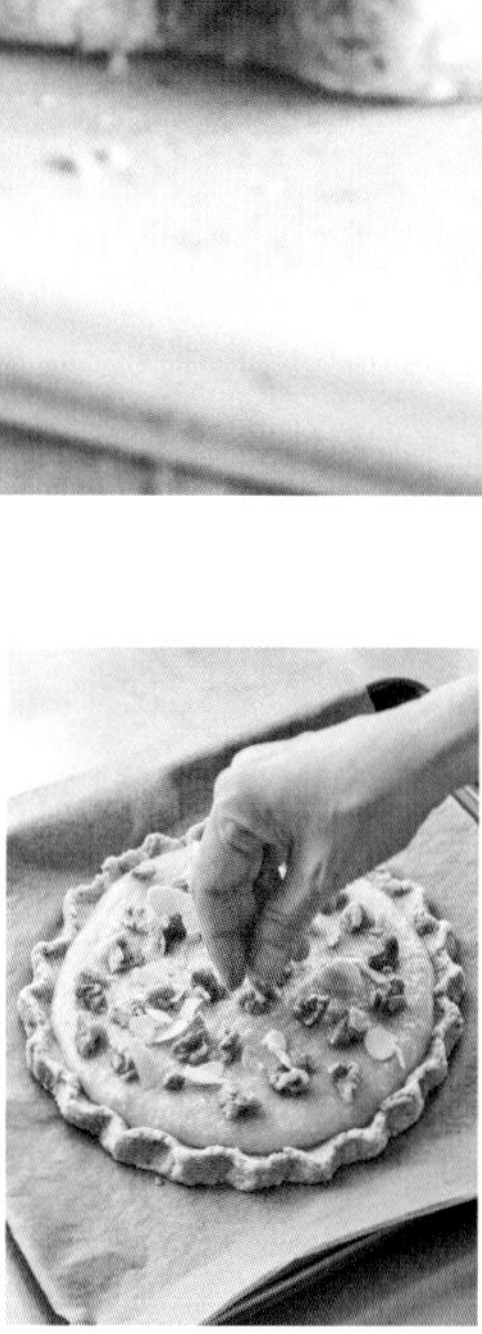

つくり方（直径約20cmのタルト１台分）

「バナナクリームタルト」（P.72）のStep.1〜4まで同様につくる。Step.5で好みのナッツ（クルミ、アーモンドスライスなど）を20〜30g散らし、160℃に予熱したオーブンで30分焼く。

第2章

混ぜて固める
ひんやりデザート

no.14

チャイゼリー

豆乳チャイをそのままゼリーにしました。みずみずしく、さっぱりとした夏向きのおやつです。

スパイスはお好みで。シナモンパウダーだけでも十分ですし、カルダモンパウダーがあれば、キリリとした大人の味に。お子さんには、スパイスなしでもOKです。

練乳のようにとろりとした「ココナッツクリームソース」をかけるのもおすすめ。ココナッツクリームにてんさい糖を混ぜるだけの、手軽なソースです。スーパーでは、ココナッツクリームは、ココナッツミルクの横に置かれていることが多いので、探してみてくださいね。

ゼリーをグラスで固めてソースをたっぷりかけ、スプーンで混ぜながら食べてもおいしいです。

異国の香りがする
チャイゼリーは
暑い日にぴったり

材 料（約100mℓのカップ6個分）

A | 粉寒天　小さじ1（2g）
　| 水　200mℓ

好みのスパイス[*1]　小さじ½～

紅茶のティーバッグ　3袋（茶葉6g）

B | 豆乳　400mℓ
　| てんさい糖[*2]　40～50g

＊1　スパイスは、シナモンパウダー、カルダモンパウダー、ジンジャーパウダーなど、どれか1種類でも、2種類以上を組み合わせてもよい

＊2　てんさい糖の量は、好みで増減を。きび砂糖など、好みの甘味料で代用できる

つくり方

Step. 1　スパイスを加える

小鍋にAを入れて混ぜ、5分ほどおく。スパイスを加えて中火にかけ、木ベラなどで混ぜる。沸騰したら弱火にし、2分加熱して火を止める。

☞ 粉寒天は水でふやかしておくと、よく溶けて少量でもしっかり固まります

Step. 2　茶葉を加える

ティーバッグの中の茶葉を出して加え、茶葉が沈むまでおく。

Step. 3　豆乳を加える

Bを加えて混ぜ、弱火にかけて、ひと煮立ちしたら火を止める。

☞ ふきこぼれないように注意。泡がブワッと膨らんできたら、すぐに鍋を持ち上げ、火から離しましょう

Step. 4　固める

茶こしでこしながら好みのカップに注ぎ、粗熱をとって冷蔵庫で冷やし固める。

☞ 寒天は常温で固まります。固まるまでは、なるべく動かさないようにしてください

アレンジ

濃厚ソースが口に広がる

ココナッツクリームチャイゼリー

つくり方（6個分）

「チャイゼリー」（右ページ）をつくり、「ココナッツクリームソース」（下記参照）をかける。

ココナッツクリームソース

クリーミーなソースは、練乳のよう。
好きなものにかけてみて

材料（つくりやすい分量）

ココナッツクリーム　100g
てんさい糖　20g（またはメープルシロップ大さじ2）

つくり方

常温のココナッツクリームにてんさい糖を加えて混ぜ、冷蔵庫で冷やす。

☞ ココナッツクリームが缶の中で固まっていたら、写真のように湯せんで溶かしてください。固まったままでは口当たりがザラザラになってしまいます。甘味をつけたあとは、冷やしても固まりません

no.15

とろける杏仁豆腐

とろ〜りなめらかな杏仁豆腐は、好きなだけすくって食べるスタイル。牛乳や生クリームが入っているような、コクのある味わいです。少しさっぱりしますが、ココナッツクリームをココナッツミルクに替えても、十分おいしくできます。

なめらかに仕上げるコツは、固まりかけのときに、なるべく動かさないこと。それだけで、口当たりに変化が出ます。白くきれいに仕上げるには、火を止めてからてんさい糖を加えるのもポイントです。

アレンジで紹介したコンポートは、ほかのフルーツでもつくれます。キウイ、グレープフルーツなど、いろんな味を楽しんでくださいね。フレッシュな季節のフルーツをのせてもおいしいです。

中華屋さんの デザートみたいな 濃厚とろとろ杏仁豆腐

つくり方

材 料（4人分）

A
- 水　100mℓ
- 粉寒天　小さじ1（2g）
- コーンスターチ　10g

豆乳　400mℓ
塩　ひとつまみ
ココナッツクリーム
（またはココナッツミルク）　150mℓ
てんさい糖　40g
アーモンドエキストラクト　小さじ1½
（またはアマレット大さじ1）

［シロップ］
- 水　100mℓ
- てんさい糖　40g
- レモン汁　小さじ1

クコの実（好みで）　適量

Step. 1 ふやかす

鍋にAを入れ、よく混ぜて5分ほどおく。

☞ 5分おくことで、粉寒天と粉がふやけてなめらかな口当たりになります

Step. 2 煮立たせる

豆乳と塩を加えてよく混ぜ、中火にかける。沸騰したら弱火にし、混ぜながら3分加熱する。

☞ 鍋底につかないよう、木べラなどでよく混ぜましょう

Step. 3 混ぜる

弱火にかけたまま、ココナッツクリームを少しずつ加えて混ぜ、なめらかな状態になったら火を止める。てんさい糖とアーモンドエキストラクトを加えてよく混ぜる。

Step. 4 固める

耐熱容器（ここでは21×14×深さ4cmのバットを使用）に流し込み、粗熱をとって冷蔵庫で固める。小鍋にシロップの材料を入れ、ひと煮立ちさせる。クコの実を加えてよく冷やし、すくった杏仁豆腐にかける。

アレンジ

ほんのりピンクがかわいい

杏仁豆腐の桃コンポート添え

つくり方（4人分）

桃2個を2つ割りにして種を除き、皮をむく。鍋に水300mℓ、てんさい糖60g、桃の皮を入れて煮立たせる。桃の果肉とレモン汁大さじ１を加え、クッキングシートを表面に落として弱火で4〜5分加熱する。そのまま冷まし、シロップごと保存容器に入れて、冷蔵庫でひと晩寝かせる。器に「とろける杏仁豆腐」（右ページ）を盛りつけて桃を添え、シロップをかける。

アレンジ

甘酸っぱいソースをたっぷりと

ブルーベリー杏仁豆腐

つくり方（4人分）

小鍋に水100mℓ、てんさい糖40g、レモン汁小さじ1、ブルーベリー100gを入れて中火にかけ、フツフツしてきたら弱火にして1分加熱する。よく冷やして「とろける杏仁豆腐」（右ページ）にかける。

no.16

甘酒イチゴプリン

イチゴが出回り始めたら、春らしい桃色の甘酒プリンをつくりましょう。砂糖は使わず、甘酒のとろみと甘味を生かしたデザートです。

つくるときのポイントはひとつ。イチゴをよ〜くつぶすこと。しっかりつぶした方が、色も美しく、おいしく仕上がります。つぶしたりないと、プリンがかたい仕上がりになるのでご注意を。イチゴをたっぷり入れることで、甘酒のクセも気にならず、食後のデザートにさっぱりといただけます。

アレンジで紹介したイチゴソースは、ジャムをつくるよりもお手軽。テーブルにドンと出し、好きなだけかけて食べてください。短時間で加熱し、急いで冷ますと、びっくりするほど色鮮やかに仕上がりますよ。

甘酒の甘味を生かした
ツルンと食感の
桃色プリン

材 料（6個分）
イチゴ（冷凍でも可）
　正味200g（約1パック）
A｜粉寒天　小さじ1（2g）
　｜水　50mℓ
豆乳　200mℓ
植物油　大さじ1
甘酒（濃縮タイプ）　200g

つくり方

Step. 1 — イチゴをつぶす

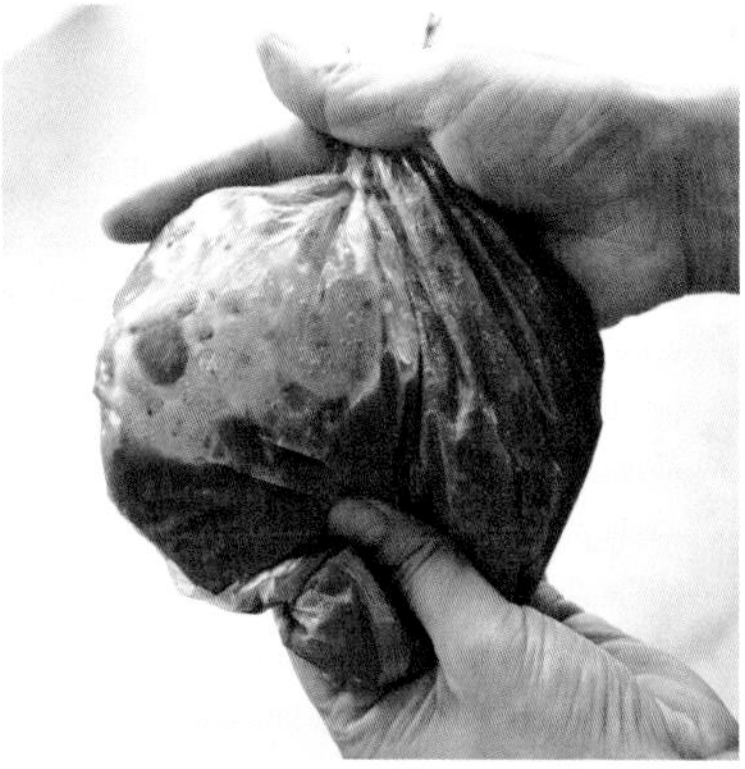

厚手のポリ袋にヘタを除いたイチゴを入れ、手やコップの底などでよくつぶす。

☞ つぶしたりないと水分がたりなくなり、かたい仕上がりになります。よくつぶしましょう

Step. 2 — 煮る

小鍋に**A**を入れ、軽く混ぜて5分ほどおく。豆乳を加えて混ぜ、中火にかける。沸騰したら弱火にし、ときどきかき混ぜながら3分加熱して火を止める。

☞ 粉寒天は水でふやかしておくと、よく溶けて少量でもしっかり固まります

Step. 3 — 混ぜる

植物油と甘酒を加えて油が浮かなくなるまで混ぜ、Step.1のイチゴも加えて混ぜる。

☞ イチゴはポリ袋の角をハサミで切り、手で絞るように加えるのがおすすめ

Step. 4 — 固める

器（ここでは直径8×高さ6cmぐらいのものを使用）に流し込み、冷蔵庫で冷やし固める。固まったら、好みで飾りのイチゴ（分量外）を上にのせる。

☞ 寒天は常温で固まります。イチゴを加えてからは、みるみる固まるので、すぐに器に流し込みましょう

アレンジ

とろっと果肉がおいしい

真っ赤な イチゴプリン

つくり方（6個分）

「甘酒イチゴプリン」（右ページ）をつくり、「イチゴソース」（下記参照）をかける。

イチゴソース

パンケーキやクレープにかけてもおいしい。
冷凍して、好きなときに食べてもOK

材 料（つくりやすい分量）

イチゴ（冷凍でも可）　正味200g（約1パック）
てんさい糖　30g（またははちみつ大さじ2）
レモン汁　小さじ½

つくり方

❶ 小鍋に材料をすべて入れ、水分が出るまで10分ほどおく。
❷ 強めの中火にかけ、木ベラでイチゴをたたくようにつぶしながら加熱し、沸騰したらアクを取り、2分ほど加熱し、火を止める。
❸ 熱いうちに清潔なビンなどに入れ、ビンごと冷水で急冷する。冷蔵庫で保存し、5日ぐらいで食べきる。

no.17

お豆腐の生チョコ

お豆腐でつくる、ガナッシュのようにクリーミーな生チョコです。

生チョコといえば、溶かしたチョコレートに生クリームを加えたものですが、このチョコは、どちらも使いません。お豆腐にココアとココナッツオイルを合わせると、ガナッシュのようなやわらかい食感のチョコができるんです。扱いやすい生地なので、コロコロ丸めてココアやナッツをふったり、バットに固めて四角く切ったり、いろいろとアレンジできます。中にラムレーズンを入れてもいいですね。ラム酒の代わりにショウガの絞り汁を加えれば、「ジンジャー生チョコ」になります。

溶けやすいので、夏につくるのはおすすめしません。寒い時季だけの、とっておきの生チョコです。

チョコを使わない
本格生チョコは
お豆腐入りとは思えない

つくり方

Step. 1
混ぜる

小鍋にAを入れ、泡立て器でダマがなく、なめらかになるまでよく混ぜる。

Step. 2
煮る

泡立て器で混ぜながら弱火にかけ、ツヤが出てフツフツしてきたら、さらに1分ほど混ぜる。粘りが出て全体がまとまったら火を止め、すぐにラム酒を加えてよく混ぜる。

Step. 3
オイルを加える

ココナッツオイルを少しずつ加え、オイルが浮かなくなり、乳化するまでよく混ぜる。

☞ 分離してしまっても、よく混ぜているうちに温度が下がり、乳化します

材 料（約8〜10個分）

A
- 豆腐（絹） 75g
- てんさい糖 40g
- ココアパウダー 15g
- コーンスターチ 小さじ1½

ラム酒* 小さじ2
ココナッツオイル
（無香・溶かしたもの） 50g
スライスアーモンド（ロースト） 適量

*ラム酒は、リキュールやブランデー、ショウガの絞り汁でも代用できる。子ども向けには、同量のオレンジジャムやバニラエキストラクトを使用してください。バニラオイルを加える場合は、数滴を加え、水小さじ2をたしましょう

Step. 4

冷やし固める

Step.3 をラップ（またはポリ袋）に移して細長く包み、冷蔵庫で2時間以上、粘土状に固まるまでしっかり冷やす。

Step. 5

成形する

Step.4 を取り出し、ラップ（またはポリ袋）の上から手で棒状にする。

Step. 6

カットする

表面にスライスアーモンドをまぶしつけ、好みの厚さにカットする。

☞ 冷凍庫で冷やして切ると、断面がつぶれずにカットできます。溶けやすいので、食べる直前に取り出しましょう

no.18

甘酒フルーツアイス

甘酒は夏の季語。私は濃縮タイプの甘酒を、いつも袋ごと冷凍しておきます。色や風味が変わらずに保存でき、冷凍してもカチカチに固まらないので、使いたいときにいつでも使えて便利です。

　このアイスも、冷凍した甘酒を使った方が早く固まり、食感もよくなります。甘酒とフルーツの割合は大体1対1ですが、さっぱりさせたければフルーツを多めに、甘くしたいときは甘酒を多めにします。途中で味をみて、どちらかをたすこともできるので、適当でも大丈夫。お砂糖や乳製品なしでも、ねっとり濃厚なアイスになります。

　アイスが残ったときは、グラスに入れて冷たい豆乳でのばせば、おいしいシェイクができますよ。

ポリ袋に入れて
手でもむだけ。
砂糖、乳製品なしで
つくる夏の味

つくり方

材 料（つくりやすい分量）

冷凍マンゴー、イチゴなど
（生のものでもよい）*1　100g
甘酒（濃縮タイプ・冷凍する）　100g
植物油*2　小さじ1

*1　フルーツは、キウイ、パイナップル、桃、メロンなどでもつくれる。生のものを使う場合は、よく熟したものがおすすめ
*2　植物油は、なくてもよいが、入れるとカチカチに固まらず、舌ざわりがなめらかになる

Step. 1　フルーツをつぶす

ポリ袋に半解凍したフルーツを入れ、コップの底などでつぶす。

Step. 2　甘酒を加える

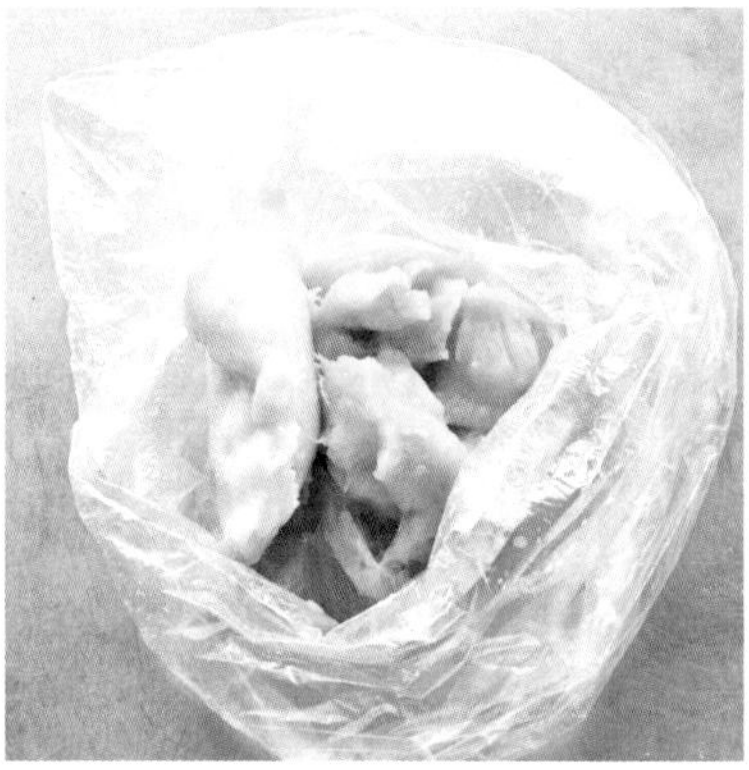

冷凍した甘酒、植物油を加えてよくもむ。

☞ 凍らせた甘酒を使うと、冷凍時間が短くなります

Step. 3　冷凍する

ポリ袋の口を結んで平たくし、冷凍庫に入れる。

☞ 平たくすると、早く固まります

Step. 4　もむ

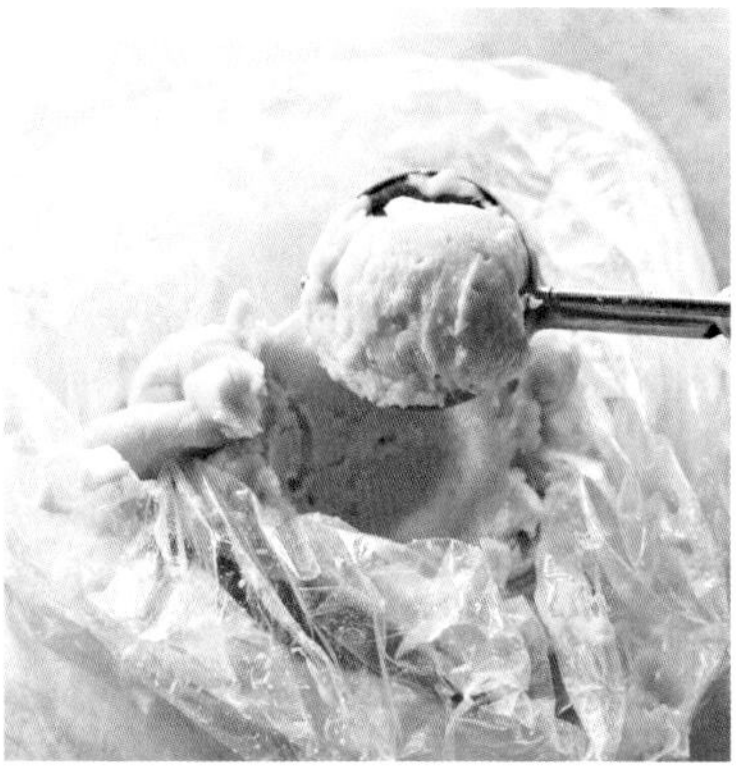

ときどき取り出し、固まりかけをもむ。固まったら、すくって器に盛る。

☞ 途中でもむことで、なめらかに仕上がります

アレンジ

さっぱりとした口溶け

甘酒ヨーグルトアイス

材 料（つくりやすい分量）

豆乳ヨーグルト　200g
甘酒（濃縮タイプ・冷凍する）　100g
メープルシロップ*　小さじ2〜3
植物油　小さじ2

*はちみつ小さじ2でも代用できる

つくり方

豆乳ヨーグルトは、コーヒーフィルターなどで水きりして100gにする。ポリ袋に材料をすべて入れてよくもみ混ぜ、「甘酒フルーツアイス」（右ページ）の*Step.3*から同様につくる。

no.19

豆乳アイスキャンディー

豆乳、寒天、塩、メープルシロップだけでつくるシンプルなアイスです。豆乳をそのまま凍らせるとカチカチに凍りますが、メープルシロップと寒天を加えると、懐かしのあの食感に。しかも、寒天の効果で、時間が経ってもどろどろにならず、小さな子でも食べやすくなるんです。

寒天はふやかしてさえおけば、適当に煮ても大丈夫ですし、食物繊維たっぷり。あと味もとってもよく仕上がる優秀な食材です。

市販品と比べて甘さはぐっと控えめなので、甘くしたいときは、メープルシロップを増やしてくださいね。はちみつでもおいしくつくれます。ショウガの絞り汁を加えるのもおすすめですよ。

少ない材料でつくる
懐かしい食感の
アイスキャンディー

つくり方

材料（6本分）

A
- 豆乳　450mℓ
- 粉寒天　小さじ1（2g）
- 塩　ひとつまみ

メープルシロップ*　大さじ4〜5

*はちみつ大さじ4でも代用できる

Step. 1 混ぜる

鍋にAを入れ、よく混ぜて5分ほどおく。

☞ 5分おくことで寒天がふやけ、なめらかな口当たりになります

Step. 2 煮立たせる

中火にかけ、沸騰したら弱火にし、ときどき混ぜながら3分加熱する。

Step. 3 甘味を加える

火を止めて、メープルシロップを加えてよく混ぜる。

Step. 4 固める

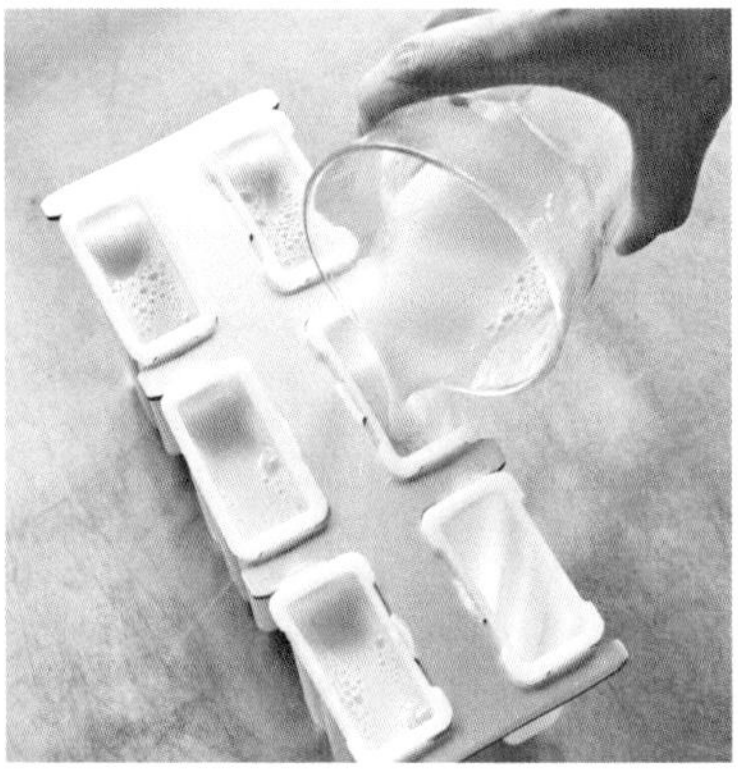

耐冷の型に流し込んで粗熱をとり、木の棒を差して冷凍庫で固める。

☞ アイス液はコップなどに移すと、流し込みやすいです。型や棒がない場合は、耐冷のグラスや製氷器などに入れ、少し固まったら割り箸や楊枝を差してもOK

アレンジ

あんことフルーツで白くま風

フルーツバーアイス

つくり方（6本分）

「豆乳アイスキャンディー」（右ページ）と同様のアイス液を型の¼ぐらいまで入れたら、好みのフルーツ（冷凍でも）や丸めたあんこなどを加える。残りの液を加えて粗熱をとり、木の棒を差して冷凍庫で固める。

☞ あんこも手づくりしたい人は、P.57参照

no. 20

ココナッツミルクもち

暖かくなってきた頃に食べたくなるのが、ココナッツミルクもち。ミルキーなくずもちのような、ぷるぷるシコシコとした食感が、クセになるおいしさです。

なめらかな舌ざわりにするには、材料をよ〜く混ぜながら、しっかり加熱することが大切。ココナッツミルクの油分をなじませるように、根気よくかき混ぜてください。冷やしたときにココナッツミルクが固まり、独特の食感が生まれます。

濃厚なのが好きな人は、ココナッツミルクをココナッツクリームに。さっぱりしたのが好みなら、豆乳を増やし、その分ココナッツミルクを減らしましょう。黒みつやフルーツとよく合いますが、あんこを添えてもおいしいです。

ぷるぷるシコシコ
食感がたまらない。
黒みつとフルーツを
添えて召し上がれ

Step. 1
混ぜる

鍋にAを入れてよく混ぜ、5分おく。ココナッツミルクを加えてさらに混ぜる。

☞ 5分おくことで、粉がふやけてなめらかな口当たりになります

Step. 2
火にかけてさらに混ぜる

Step. 1 を中火にかけながら混ぜる。フツフツしてきたら、素早く一方向に混ぜてなめらかな状態にする。

☞ フツフツしてきたら突然固まってくるので注意。ここでしっかり混ぜておきましょう

Step. 3
煮る

弱火〜弱めの中火にし、木ベラで底をこするように5分ほどかき混ぜ、火を止める。てんさい糖を加えてよく混ぜて溶かし、ひと煮立ちさせる。

☞ 重かった生地が、写真のようにサラッと軽くなってくれば、煮上がりのサインです

材 料(4人分)

A
- コーンスターチ*1　50g
- 水　150mℓ
- 豆乳　100mℓ
- 塩　ひとつまみ

ココナッツミルク(または
ココナッツクリーム)*2　200g

てんさい糖　50g

*1 同量のくず粉やサツマイモデンプン(かんしょデンプン)でも代用できる。くず粉はモチッと、サツマイモデンプンは、ぷるんぷるんに仕上がる

*2 ココナッツミルクが固まっているときは、缶ごとお湯に浸けて溶かし、ひと混ぜして計量しましょう

Step. 4

流し込む

すぐに耐熱容器（ここでは21×14×深さ4cmのバットを使用）に流し込む。

☞ 容器は500mℓほどのものなら、なんでもOK

Step. 5

表面をならす

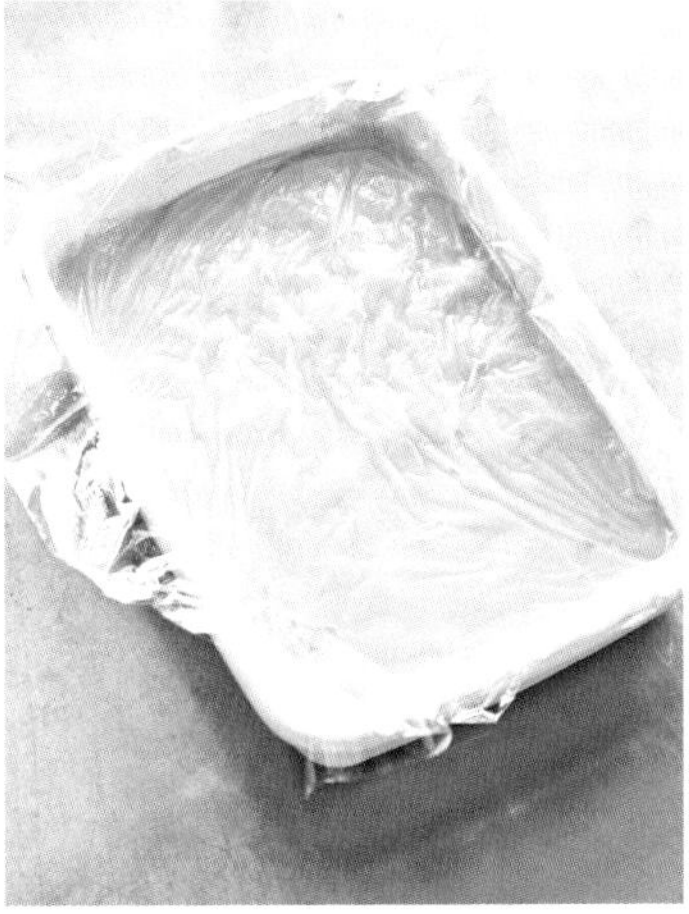

ヘラなどで表面をならし、ラップをはりつける。

☞ ラップをすることで乾燥が防げ、表面もきれいに仕上がります

Step. 6

固めてからカットする

粗熱をとって冷蔵庫で1時間以上冷やし固め、食べやすくカットする。

あるとおいしい2つのお供

マリネは、ほかのフルーツでも。
アイスや白玉に添えても美味！

甘夏とキウイのマリネ（つくりやすい分量）

甘夏、ゴールドキウイ各1個を食べやすくカットし、メープルシロップ（またははちみつ）大さじ1をからめ、冷蔵庫で30分ほどなじませる。フルーツから出た水分も一緒にかけるとおいしい。

黒みつ（つくりやすい分量）

鍋に黒糖100g（ココナッツシュガー、黒砂糖など）を入れて水50mℓで溶く。中火にかけ、沸騰したら弱火で1分、アクを取りながら加熱する。

アレンジ

ぷるぷる感がさらにアップ！

マンゴークラッシュもち

つくり方（4人分）

「ココナッツミルクもち」（P.102）のコーンスターチを同量のサツマイモデンプンまたはタピオカデンプンに替えて同様につくり、冷やす。グラスにココナッツミルクもちと「マンゴーソース」（下記参照）を交互に盛りつける。

マンゴーソース

マンゴーたっぷりの濃厚ソース。
好きなものにかけて召し上がれ

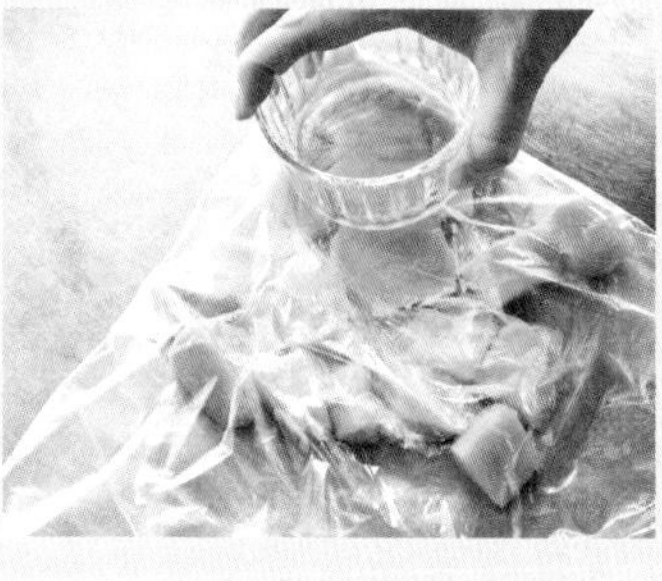

材料（つくりやすい分量）
マンゴー（冷凍でもよい） 100g
水 大さじ2
メープルシロップ（またははちみつ） 大さじ1
レモン汁 小さじ2

つくり方

ポリ袋に材料をすべて入れ、コップの底などでソース状になるまでよくつぶす。

☞ ミキサーで攪拌してもよいです

第3章

朝食にもなる
手軽なおやつ

no.21

もちもち発酵クレープ

米粉のもっともおいしい食べ方は、もしかしたらクレープかもしれません。なぜならクレープのおいしい条件、パリパリもちもちは、米粉の得意ワザだからです。

この生地は、最初は不安になるほどゆるく、シャバシャバですが、暖かいところに寝かせておくと発酵が進み、ちゃんとつながってくれます。焼く前は、ぷるぷるふわふわした状態に固まるので、のばすときに少しためらうかもしれませんが、焼けばパリッとしたクレープになるのでご安心ください。

生地に風味があるので、焼きたてのあつあつをそのまま食べても十分おいしいです。好みでスモークサーモンなど、しょっぱいものを包んで食事代わりにしてもいいですね。

奥行きのある風味は
発酵させたから。
ほかのクレープとは
ひと味違う！

つくり方

Step. 1
混ぜる

ボウルに**A**を入れて泡立て器でさっと混ぜる。真ん中をくぼませて温めた豆乳を加え、よく混ぜる。5分おいて、植物油、塩も加えて混ぜる。

Step. 2
ラップをする

ラップをして暖かい部屋に置く。

Step. 3
寝かせる

ぷっくりと生地が膨らみ、表面が盛り上がるまで1時間ほど寝かせる。

☞ 膨らむまでの時間は、気温や湿度などによって変わります

材料(4〜5枚分)

A
- 米粉(製菓用)　80g
- コーンスターチ　20g
- てんさい糖　20g
- ドライイースト　小さじ1/3(1g)

豆乳(40℃くらいに温める)　180g
植物油　15g
塩　ひとつまみ

Point
有機パン酵母

白崎茶会で使っているのは、有機パン酵母。オーガニック素材だけでつくられていて、初心者にも扱いやすい。手に入らなければ、ドライイーストでも問題なし。
写真/「有機穀物で作った天然酵母 ゆうきぱんこうぼ」(陰陽洞)

Step. 4

もう一度混ぜる

Step.3 の生地を泡立て器でもう一度ぐるぐる混ぜる。

Step. 5

火を止めてのばす

フライパンを中火で熱し、植物油（分量外）をなじませる。火を止めて少し冷まし、お玉に軽く１杯分くらいの生地を流し入れ、お玉の底でくるくるのばす。

☞ フライパンが熱すぎると生地が焼き固まってのびにくくなるので、必ず火を止めてのばしましょう

Step. 6

両面を焼く

ふたたび弱めの中火にかけ、生地の縁がチリチリとはがれ、全体が焼き固まってきたら裏返し、反対側も軽く焼く。好みでてんさい糖（分量外）をふる。

アレンジ

のせる具材は、甘いものでも、しょっぱいものでも

イチゴクレープ
バナナクレープ
サーモンクレープ

イチゴクレープ

「もちもち発酵クレープ」(P.108)に「さっぱりヨーグルトクリーム」(左ページ)、「イチゴソース」(P.87)、イチゴをのせる。

バナナクレープ

「もちもち発酵クレープ」(P.108)に「さっぱりヨーグルトクリーム」(左ページ)、バナナをのせる。

サーモンクレープ

「もちもち発酵クレープ」(P.108)に「豆乳ディップ」(左ページ)、スモークサーモン、好きな野菜などをのせる。幅広い食材と合う生地なので、好みで動物性の食材を合わせてもおいしい。

さっぱり ヨーグルトクリーム

ココナッツオイルがなくてもできる
いちばん手軽なクリーム。
ケーキやタルトにも使えます

材料（つくりやすい分量）
豆乳ヨーグルト
（200gを水きりしたもの）　75g
てんさい糖　10〜20g
塩　少し
植物油　大さじ2

つくり方
ボウルに水きりしたヨーグルト、てんさい糖、塩を入れ、なめらかになるまでよく混ぜる。植物油を少しずつ加え、さらによく混ぜる。

☞ 乳化してかたくなります

豆乳ディップ ハーブソルト

野菜につけたり、パンに塗ったり…。
サワークリームのように使えます。
パプリカパウダーをふってもおいしい

材料（つくりやすい分量）
豆乳ヨーグルト
（200gを水きりしたもの）　75g
オリーブオイル　大さじ1
塩、ハーブソルト、こしょう　各適量

つくり方
ボウルに水きりしたヨーグルト、オリーブオイル、塩を入れてよく混ぜる。器に盛りつけ、ハーブソルトとこしょうをふる。

好きなものを
みんなで包んで
クレープパーティ

no.22

ヨーグルトマフィン

　豆乳ヨーグルトの酸味ととろみの力で、フカフカッと膨らませたマフィンです。ヨーグルトは、牛乳のものでもOK。ヨーグルトの酸味は重曹で消えるので、ほとんど感じません。反対に重曹の苦味はヨーグルトで消え、ふわふわ感だけが残るんです。

　フルーツを入れて焼くとおいしいので、ぜひ好みのフルーツを入れてみてください。キウイなど、酸味のあるフルーツを加えると、さらに生地がふんわりします。

　さっぱりした味で、朝食にもおすすめ。てんさい糖を半量にして、塩をひとつまみ増やした「塩マフィン」もおいしいです。こちらはフルーツの代わりに、ドライトマトや炒め玉ねぎなどを入れてもいいですね。

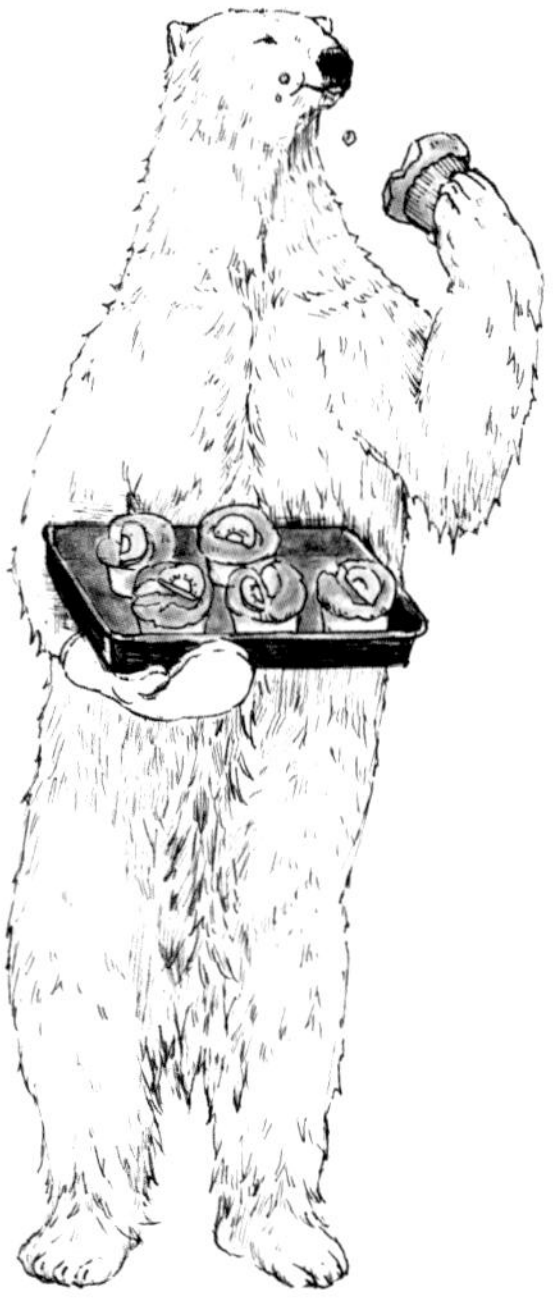

ヨーグルトを使った
さっぱりとした
口当たりのマフィン

つくり方

材料（約100mℓのカップ6個分）

キウイ　1個（正味約75g）

A
- 豆乳ヨーグルト　120g
- てんさい糖　40g
- 塩　ひとつまみ

植物油　40g

米粉（製菓用）　75g

B
- コーンスターチ　50g
- ベーキングパウダー　小さじ1（4g）
- 重曹　小さじ1/3（1.5g）

下準備

- オーブンは180℃に予熱する
- カップにグラシンケースを敷く

Step. 1　キウイを切る

キウイは皮をむいてスライスし、飾り用を適量取り分けて、残りを細かく刻む。

Step. 2　液体を混ぜる

ボウルに**A**を入れてよく混ぜ、てんさい糖を溶かす。植物油を加えて油が浮かなくなるまでよく混ぜる。

Step. 3　粉を混ぜる

米粉を加えてなめらかになるまでよく混ぜる。**B**の粉をよく混ぜてから加え、素早く、しっかり30秒ほど混ぜる。刻んだキウイを加えてひと混ぜする。

☞ **B**を加えてからは手早く作業しましょう

Step. 4　焼く

すぐにグラシンケースを敷いた耐熱カップに流し込み、飾り用のキウイをのせて、180℃に予熱したオーブンで10分焼く。170℃に下げ、さらに15〜20分加熱する。

☞ グラシンケースがないときは耐熱カップに植物油を薄く塗っておきましょう

アレンジ

プチプチ食感が楽しい

ラズベリーマフィン

材 料（約100mℓのカップ6個分）

ラズベリー　約75g

A｜豆乳ヨーグルト　120g
　｜てんさい糖　40g
　｜塩　ひとつまみ

植物油　40g

米粉（製菓用）　75g

B｜コーンスターチ　50g
　｜ベーキングパウダー
　｜　小さじ1（4g）
　｜重曹　小さじ$\frac{1}{3}$（1.5g）

下準備

・オーブンは180℃に予熱する
・カップにグラシンケースを敷く

つくり方

「ヨーグルトマフィン」（右ページ）のキウイの代わりにラズベリーを用意する。マフィン1個に対してラズベリー2、3粒を飾り用に取り分け、Step.2から同様につくる。

no.23

サツマイモスコーン

甘さ控えめのサツマイモスコーンは、食事にもぴったり。メープルシロップをかけたり、オリーブオイルと塩をつけたり、いろいろな食べ方を楽しめます。

きれいな卵色（卵は使いませんが）に仕上げるには、サツマイモを塩水でゆでるのがコツ。ゆでることでアクが抜け、きれいな色になるのです。焼く前の生地は手で丸められないくらいのやわらかさですが、これがふんわり食感のもと。焼けば、外はさっくり、中はふんわりしっとりホロホロになりますよ。

使うサツマイモによって焼き上がりの表情が変わりますが、ぜひそれを楽しんでください。同じ仕上がりにならないのが、このスコーンのおもしろいところです。

甘くないスコーンは
メープルシロップを
かけても美味

つくり方

Step. 1
サツマイモをゆでる

サツマイモは1cm幅の輪切りにして小鍋に入れ、2%の塩水（300mℓの水に塩小さじ1強）を加えて中火にかける。沸騰したら火を弱め、竹串がスッと通るまで10分ほどゆでて、湯を捨てる。

Step. 2
つぶす

ボウルにStep.1を入れ、泡立て器でつぶす。

Step. 3
液体を加える

豆乳と植物油を加え、油が浮かなくなるまでよく混ぜる。

材料（4個分）

サツマイモ　約½本
（皮をむいて正味50g）
豆乳　40〜50g
植物油　25g
米粉（製菓用）　50g
アーモンドプードル　25g
てんさい糖　小さじ1
A｜ベーキングパウダー　小さじ1（4g）
　｜重曹　ふたつまみ

下準備

・オーブンは180℃に予熱する
・天板にクッキングシートを敷く

Step. 4
粉を加える

米粉は、大さじ１ほどを別の容器に取り分ける。Step.3 に残りの米粉、アーモンドプードル、てんさい糖を加え、ゴムベラでよく混ぜる。

☞ 生地が水分を吸い、かたくなってくるまで混ぜましょう。甘くしたいときは、てんさい糖大さじ１～２を加えてください

Step. 5
素早く混ぜる

取り分けておいた米粉にAを混ぜ合わせてから Step.4 に加え、素早くよく混ぜる。

☞ 先に米粉と混ぜることで、ムラなく短時間で混ざります

Step. 6
焼く

すぐに生地をヘラで４等分にし、クッキングシートを敷いた天板にのせる。指先で軽く形を整え（またはそのまま）、180℃に予熱したオーブンで 15 ～ 20 分加熱する。

☞ 少し冷めた方がおいしくなります

no.24
バナナ蒸しパン

時間が経つとかたくなりがちな米粉の蒸しパンですが、この蒸しパンは、冷めても、翌日になっても、しっとりふわふわ。

成功させるコツは2つだけ。ひとつは、ベーキングパウダーを加えたら、30秒のうちにできるだけ多く混ぜること。もうひとつは、混ぜ終わったらすぐに蒸せるように、お湯を沸かしておくことです。最初に鍋を火にかけ、そこから計量を始めるぐらいが、ちょうど。ベーキングパウダーとレモン汁が合わさると発泡が始まり、その泡をバナナの粘り気が包むことで、生地がふんわり膨らみます。

寒い日につくると、甘い香りの湯気が部屋じゅうに広がり、幸せな気持ちになりますよ。

バナナの香りが
ふわっと広がる
ふんわりかろやかな
蒸しパン

つくり方

材料（約100mℓのカップ各4個分）

プレーン

バナナ　正味50g
レモン汁　小さじ1
てんさい糖　30g
塩　ひとつまみ
豆乳　70g
植物油　20g
米粉（製菓用）　100g
ベーキングパウダー　小さじ1強

チョコバナナ

バナナ　正味50g
レモン汁　小さじ1
てんさい糖　35g
塩　ひとつまみ
豆乳　70g
植物油　20g
ココアパウダー　10g
米粉（製菓用）　90g
ベーキングパウダー　小さじ1強

Step. 1　バナナをつぶす

ボウルにバナナとレモン汁を入れてフォークでつぶす。

☞ 蒸し鍋に湯を沸かしながら作業をすると効率的です

Step. 2　混ぜる

てんさい糖、塩を加え、ペースト状になるまで泡立て器で混ぜる。豆乳と植物油を加え、油が浮かなくなるまでよく混ぜる。チョコバナナの場合は、ここでココアを加える。

Step. 3　粉を加える

米粉を加えてなめらかになるまでよく混ぜる。さらにベーキングパウダーを加え、素早く、しっかり30秒ほど混ぜる。

☞ ベーキングパウダーは、よく混ぜないと味が落ち、膨らみが悪くなります。ただし、手早く作業しましょう

Step. 4　蒸す

すぐに耐熱のカップに流し込み、蒸気の上がった蒸し器で強火で13分加熱する。

☞ 蒸し器がない場合は、鍋かフライパンに約2cm深さのお湯を沸かし、カップを入れ、ふきんで包んだフタをして蒸してもいいです

アレンジ

素朴なやさしい味わい

きな粉蒸しパン

材料（約100mℓのカップ4個分）

A
- 米粉（製菓用）　80g
- きな粉　20g
- てんさい糖　30g
- 塩　ひとつまみ
- 豆乳　100g
- 植物油　20g

ベーキングパウダー　小さじ1

つくり方

❶ ボウルにAを入れ、油が乳化するまで泡立て器でよく混ぜ、ラップをして冷蔵庫で10分以上寝かせる。

❷ ベーキングパウダーを加え、泡立て器で素早く、しっかり混ぜる。

❸ すぐに耐熱のカップに流し込み、蒸気の上がった蒸し器で強火で12分加熱する。

困ったときのひとくちメモ

植物生まれのお菓子は、
植物性ならではの特性があります。
白崎茶会の生徒さんや読者の方から
多く寄せられる質問を集めました。

Q　ケーキのあと味が悪くなってしまいました

a　混ぜたりないと、重曹の苦味やレモンの酸味が残ってしまいます。短時間でなるべくしっかり混ぜましょう。

Q　甘さや油分は減らしてもいいですか？

a　減らすこともできますが、減らしすぎると、パサついたり、味が落ちるのが早くなったり、分離してしまう原因に。ほどほどにしてください。

Q　乳化とはどういうことですか？

a　水分と油がムラなく混ぜ合わさり、とろっとした状態です。乳化のコツは、泡立て器を一定方向に混ぜること。最初はボウルの中心部分だけで小さな円を描き、徐々に大きな円を描くようにします。

Q　ココナッツオイルとほかの植物油はどのように使い分けていますか？

a　クリームや生チョコなど、固めたり空気を含ませたいときにはココナッツオイルが必要です。ほかのお菓子は液状の植物油でもつくれます。

Q　オーブンの上段と下段、どっちに入れたらいいですか？

a　クッキー類やシートケーキなどは上段、ボウルケーキなどある程度高さがあるものは下段に入れてください。

**Q タルト台が
ボロボロになってしまいます**

a オートミールの砕き方が甘いと、くずれやすくなります。粉状になるまでしっかり砕いてください。

**Q 一度に食べきれないときは
どうしたらいいですか？
日もちはしますか？**

a 米粉のお菓子は、時間が経つとかたくなりやすいです。ケーキ類はほんのり温かいうちにポリ袋に入れるとパサつきにくくなりますが、なるべく早く食べましょう。クッキー類は湿気ないように密封容器で保存すれば、ある程度日もちします。半量でつくるのもおすすめです。

**Q スポンジや蒸しパンが
うまく膨らみません**

a ベーキングパウダーに、レモン汁やヨーグルトなどの酸性のものを合わせたら、すぐにオーブンに入れましょう。時間がかかると発泡が終わり、膨らみにくくなってしまいます。

**Q クリームが
やわらかすぎてしまいます**

a ココナッツオイルは24℃以上になると溶けてしまいます。気温の高いときは、氷水などに当てながら攪拌してください。また、食べる直前まで冷蔵庫に入れておきましょう。ココナッツオイルが多いバタークリームなどは、夏場には向きません。

**Q 豆乳ヨーグルトが
手に入らないときは、
どうしたらいいですか？**

a 豆乳とレモン汁で、近いものがつくれます。小鍋に豆乳500mℓを入れて弱火にかけ、35〜40℃に温めます。火を止め、レモン汁大さじ2を加えて混ぜ、固まってくるまで5分ほどおきましょう。ペーパータオルを敷いたザルに上げて、1時間ほど水きりすれば、水きりした豆乳ヨーグルト200g相当のものができます。

おわりに

ある日、SNSで一枚の写真を見つけて、くぎづけになりました。
ESSEに掲載した「さくふわドーナツ」をボウルいっぱいに持って、
ルワンダの人達がニコニコして写っているのです。
どうやらルワンダに住む日本人女性が、
みんなと一緒にこのドーナツをつくってくれたようでした。

ルワンダの人達はきな粉を使ったことがあるのだろうか？
この変わった材料のドーナツをどう思ったのだろうか？

一瞬、そんな考えが浮かびましたが、
写真の中のなんともいえない素敵な笑顔をながめているうちに、
そうか、そんなことは「どうでもいいこと」なんだ。と、腑に落ちたのです。
きっと「大福に卵が入っていないのはなぜ？」と聞かないのと同じです。

卵を使わなくてもふんわり、生クリームがなくてもクリーミー、
バターがなくても、ゼラチンがなくても、小麦粉がなくても……。
そんなことばかり、私は20年以上も考え続けてきました。

それはまるで、砂地にずっと種を植え続けながら、
じりじりと、前に進んだり後ずさりしたりをくり返す、
そんな状況だったかもしれません。

でも、ふと見渡すと、景色が変わってきています。
街に出れば、高校生がサンドイッチを片手に、
あたりまえのようにソイラテを注文しています。

大手メーカーからは植物性のプリンが発売され、スーパーにも並び始めました。
そのプリンを嬉しそうにかごに入れている親子づれも見かけます。

「なぜ卵を使わないの？」「バターの代わりになにを使っているの？」

誰もがそんな質問をせずにはいられなかった時代はもう終わり、
卵のプリンがあるように、卵を使わないプリンもあって、それぞれ自由に選べる。
食べたい人に自由があるように、食べたくない人、食べられない人にも自由があって、
堂々とあたらしい選択ができる。
そんな未来に少しずつ近づいてきているんだと思います。

砂地だと思っていたところは実は土で、ちゃんと木が茂ってきました。
その木のキラキラした葉を一枚一枚ながめながら、
そうだ、あと少し、もう少しだけ頑張ろうと、今日も心に誓います。
いつか森になる日を夢見ているのです。

最後に、カメラマンの寺澤さん、スタイリストの中里さん、
デザイナーの福間さん、イラストレーターの布施さん、
美しいアイデアと、情熱と、たくさんの愛情をありがとうございました。
そして編集の仁科さん！これは仁科さんの本だと思います。
またこのようなお菓子レシピを、
ＥＳＳＥという泣く子も黙るメジャー誌に連載してくださった
編集長の尾崎さん、デスクの鈴木さん、心から感謝しています。

白崎茶会がなかなか開催できない状況のなか、
こんなにかわいい本を出すことができて、本当にありがたく幸せです。
支えてくれた茶会スタッフ、私の家族、みんなありがとう。

２０２０年10月　白崎裕子

白崎裕子 （しらさきひろこ）

東京生まれ、埼玉育ち。自然食品店「陰陽洞」（神奈川県・逗子）が主宰する料理教室の講師を経て、葉山町の海辺の古民家でオーガニック料理教室「白崎茶会」を始める。全国から生徒さんが集まる人気教室となり、のべ3万人以上に、つくって食べるおもしろさやおいしさを伝えてきた。現在は“三密”を避け、オンライン料理教室「白崎裕子のレシピ研究室」を開催中。著書『白崎茶会のあたらしいおやつ』『へたおやつ』（ともにマガジンハウス刊）は、2年連続で料理レシピ本大賞・お菓子部門の大賞を受賞。

撮影　寺澤太郎
デザイン　福間優子
スタイリング　中里真理子
イラスト　布施月子
校正　小出美由規
DTP制作　ビュロー平林
編集　仁科 遥

調理助手／菊池美咲、水谷美奈子、竹内よしこ、
濱口ちな、白崎巴菜
食材協力／陰陽洞、菜園「野の扉」
制作協力／グラウクス堂

本書は『ESSE』の連載「白崎茶会の3時の優しいおやつ」に
追加、再構成しています。

白崎茶会

植物生まれのやさしいお菓子

卵、小麦粉、乳製品を使わない
かろやかなおいしさ

2020年11月30日　初版第1刷発行
2021年5月20日　第3刷発行

著　　者　白崎裕子
発 行 者　久保田榮一
企画協力　株式会社 フジテレビジョン
発 行 所　株式会社 扶桑社
〒105-8070
東京都港区芝浦1-1-1　浜松町ビルディング
☎ 03-6368-8873（編集）
03-6368-8891（郵便室）
www.fusosha.co.jp
印刷・製本　凸版印刷株式会社

ISBN978-4-594-08663-3